Kochen mit Wildpflanzen

Jean-Marie Dumaine

Kochen mit Wildpflanzen

Meine Lieblingsrezepte
mit den 100 häufigsten Wildkräutern
und Wildpflanzen

AT Verlag

Dieses Buch widme ich Colette, Nicolas, Alexandra, Claudia, Oliver, Julien und Paul.

Dieses Buch wurde anlässlich des 43. Literarischen Wettbewerbs 2009 der Gastronomischen Akademie Deutschlands e.V. (GAD) mit einer Goldmedaille ausgezeichnet.

2. Auflage, 2010

© 2008
AT Verlag, Baden und München
Kristin Bamberg, München
Fotos: Andreas Thumm, Freiburg i. Br.
Pflanzenfotos: Frank Brunke, Buchenberg
Lithos: Vogt-Schild Druck, Derendingen
Typo, Satz und Illustrationen: Edith Biedermann, Bern
Druck und Bindearbeiten: Druckerei Uhl, Radolfzell
Printed in Germany

ISBN 978-3-03800-380-9

www.at-verlag.ch

Inhalt

Oben Brombeere (*Rubus fruticosus*), unten Waldengelwurz (*Angelica sylvestris*).

Vorwort

Liebe Schlemmer und Genießer,

ich erinnere mich noch sehr gut an den Moment, als mir klar wurde, was Jean-Marie Dumaine »im Innersten zusammenhält«. Die Kräuterwandergruppe, der ich angehörte, stand an diesem Augustnachmittag oberhalb des Bad Neuenahrer Weingutes Sonnenberg in der sengenden Hitze. Manche schirmten sich die Augen mit der flachen Hand ab, auch Taschentücher wurden gezückt, um sich den Schweiß abzutupfen. Jean-Marie Dumaine, in Kochschürze gewandet und mit einer imposanten blütenweißen Toque auf dem Kopf, hielt plötzlich inne, schaute nicht mehr auf. In seinen Händen lag ein unscheinbares Kraut, das unerlaubt neben einem knorrigen Spätburgunderrebstock gestanden hatte.

Sein Gesicht hellte sich auf, als er daran roch, seine Lippen bewegten sich, als würde er Beschwörungsformeln sprechen. Es schien, als würde er mit der Pflanze reden, aber auch hören, was sie ihm zu sagen hat, mit welchem anderen lukullischen Genuss sie sich vereinen ließe. Ein Kräuterflüsterer, begriff ich damals, das ist Jean-Marie Dumaine, ein Kundiger der Pflanzenwelt, ein Hexer gar auf seine ganz eigene Weise.

Das, was Jean-Marie Dumaine an diesem Tag in Händen hielt, war Franzosenkraut. Ein klassisches »Unkraut« in unseren Breiten. In ihrer ursprünglichen Heimat Kolumbien ist die Pflanze mit den unscheinbaren Blütenköpfchen unter dem Namen Guasca jedoch ein beliebtes Gewürz. Jean-Marie Dumaine setzt ihr in diesem Buch mit dem Gericht »Franzosenkraut mit Käsekartoffeln und Wildschweinschinkenchips« (Seite 44) ein kleines kulinarisches Denkmal.

Das Franzosenkraut ist ein wahrer Schatz, doch nur der kann ihn heben, der um seine Kostbarkeit weiß. Erst Jean-Marie Dumaine hat dafür in unseren Breiten gesorgt und damit auch den Wegesrand als Kräutergarten für uns alle wiederentdeckt. Das war keine einfache Aufgabe in einem Deutschland, das zu Beginn seiner Tätigkeit große kulinarische Scheuklappen trug.

Jean-Marie Dumaine wurde 1954 als ältestes von neun Kindern auf dem elterlichen Bauernhof im französischen Saint-Cornier-des-Landes geboren, wo er auch seine Kindheit verbrachte. Den einfachen Weg gab es für ihn nie. Auch der gemeinsame Start mit seiner Frau Colette 1975 in Deutschland gestaltete sich nicht ohne Schwierigkeiten.

Wenn ich mir Jean-Marie Dumaine heute anschaue, dann weiß ich, wie er diese gemeistert hat: mit einer sein ganzes

Wesen durchdringenden Fröhlichkeit und großer Zielstrebigkeit. »Wenn Du einmal Erfolg hast, kann es Zufall sein. Wenn Du zweimal Erfolg hast, kann es Glück sein. Wenn Du dreimal Erfolg hast, so sind es Fleiß und Tüchtigkeit«, sagt ein Sprichwort aus der Normandie. Jean-Marie Dumaine lebt es.

Bereits 1979 gründete der damals gerade 25-jährige Jean-Marie Dumaine das »Vieux Sinzig« und führte es von Erfolg zu Erfolg. Im Jahr 2000 kam es zu einer Neueröffnung in modernem Ambiente. Heute ist Dumaine dank seiner lukullischen Kreationen und seiner Kochbücher eine Koryphäe der Kräuterküche in Deutschland.

Doch der Einsatz von Kräutern ist nur das offensichtlichste Merkmal, das ihn von seinen kochlöffelschwingenden Kollegen unterscheidet. Es ist Jean-Marie Dumaines offene Art, die sich auch in der Küche wiederfindet, die – was so selten in Deutschland ist – auch zu kulinarischem Humor fähig ist. Oder hätten Sie ein Wildschwein mal eben in Chips verwandelt? Würden Sie Japanischen Knöterich, der am Rheinufer wild wächst, ebenso gewitzt wie zutreffend, als »Rheinkapern« beschreiben oder sich ein Gericht namens »In Hopfen und Malz verlorenes Ei« (Seite 58) ausdenken – das selbst mich als Weintrinker restlos begeistert?

Ich bin dankbar für diese kulinarischen Späße, denn sie kitzeln die Zunge genauso wie das Zwerchfell. Ich kann mir ein Leben ohne »Filet vom Eifelrind, im Kräuterheu gebraten«, »Tannenspitzen-Espuma« (Seite 42) oder »Les trois crèmes brûlées« (Seite 60) nicht mehr vorstellen und will es auch gar nicht. Meinem Leben fehlte sonst die besondere Würze.

Das vorliegende Kochbuch enthält viele neue Gerichte, die sich anschicken, zu Lieblingen in der heimischen Küche zu werden. Die »Gefaltete Wiesenbärenklau-Lasagne« (Seite 14) oder »Spargel und Morcheln mit Waldlakritzsauce« (Seite 116) sind ebenso ungewöhnlich wie geschmacklich schlüssig. Sie sind kreiert im Sinne einer leichten Küche, die jedoch niemals auf die leichte Schulter genommen wird, bei der vielmehr verstanden wurde, dass in der Konzentration auf das Wesentliche die größte Herausforderung für einen Koch liegt und dass die Qualität von Neuem nicht allein in seiner »Niedagewesenheit« besteht, sondern dass sich geschmacklich neue Welten erschließen müssen.

Bei Jean-Marie Dumaine geschieht dies bereits optisch. Die viel zu selten in der Küche eingesetzten Kräuter wirken wie exotische Ingredienzien aus fernen, verwunschenen Ländern. Dabei geht es niemals um Effekthascherei, stets bestimmt lukullische Sinnigkeit das Handeln Jean-Marie Dumaines.

Den populären Kräutern werden in diesem Buch gleich mehrere Rezepte gewidmet – Brennnessel, Bärenklau, Knöterich, Bärlauch, Sauerampfer oder Feldthymian erhalten damit die ihnen zustehende kulinarische Würdigung, ebenso Tannenspitzen – und ich gestehe: Seit der Begegnung mit der Küche des »Vieux Sinzig« sehe ich meine alljährliche Weihnachtsfichte mit ganz anderen Augen.

Jean-Marie hat meinen kulinarischen Horizont und den vieler anderer auf die genussvollste Art und Weise erweitert, und ich freue mich sehr auf viele weitere seiner Entdeckungen. Dafür bin ich bereit, auch künftig bei einer Kräuterwanderung etwas länger in der Sonne zu stehen, wenn er ein Zwiegespräch mit einem Kraut hält.

Viel Genuss mit Jean-Marie Dumaines Kochkunst wünscht

Carsten Sebastian Henn
Weinjournalist und Schriftsteller

Ein kleiner Aperitif

Selbstbewusste Menschen geben sich nicht mit dem zufrieden, was sie im täglichen Leben an Geschmacksvariationen vorfinden. Sie spüren die tiefe Sehnsucht, über den Alltag hinaus zu erforschen, welche kulinarischen Juwelen die Natur ihnen bietet.

Neue, positive Geschmackserlebnisse zu finden ist nicht einfach, aber auch nicht unmöglich, und vor allem ist es sehr faszinierend. So werden in unseren Küchen Genüsse wiederentdeckt, die lange Zeit vergessen schienen. Bärlauch, Sauerampfer oder Holunderblüten stehen längst wieder auf den Zutatenlisten all jener Menschen, die mit Begeisterung und Hingabe kochen.

Unsere nähere Umwelt hält Geschmackssensationen für uns bereit, die Rohdiamanten gleichen. Sie halten sich versteckt, müssen gesucht werden und sind zunächst eher unscheinbar. Ihr wahrer Glanz und ihr persönlicher Wert eröffnet sich jedoch erst nach dem »kreativen Schliff«, nach ihrer kulinarischen Veredelung.

Wir bringen ohne Frage viel Geduld und Sensibilität auf, um in allen ästhetischen Bereichen der äußeren Welt natürliche Ressourcen zu nutzen. Als Grundlagen dienen dazu Rohstoffe wie Baumwolle, Naturseide und andere Naturfasern, mineralische Farben, Natursteine- und -hölzer sowie kosmetische Grundstoffe, die uns auf vielen Sinnesebenen ansprechen und unserem Leben damit eine ästhetische Qualität verleihen. Allen diesen natürlichen Materialien ist gemeinsam, dass sie erst nach einer Veredelung durch Menschen für den Menschen nutzbar werden.

Nicht weniger großzügig ist die Natur zu unserer inneren Welt, nämlich zu den fünf Geschmackssinnen. Sie hält Aromen bereit, die es zu entdecken und kulinarisch zu erschließen gilt. Auch das ist ein Veredelungsprozess. Und in dem Maße, in dem unsere Sensibilität für einen hervorragenden Geschmack wächst, schwinden die Einschränkungen unserer kulinarischen Fantasie. Dazu bedarf es allerdings der Bereitschaft, ungewöhnliche Wege zu beschreiten und sich zu schöpferischem Wirken zu bekennen.

Dieses Buch möge Sie auf Ihrem persönlichen Weg zur Geschmacksveredelung unterstützen und begleiten.

Jean-Marie Dumaine

Oben Japanischer Knöterich *(Reynoutria japonica)*, unten Pestwurz *(Petasites hybridus)*.

Küchenpraxis

Zum Sammeln und Ernten

Sammeln Sie nur so viel, wie Sie benötigen. Sammeln Sie die Pflanzen möglichst an unbelasteten Standorten abseits von Straßen und Wegen. Ideal sind feuchte Wiesen, Bachufer und alte Obstbaumwiesen. Blättchen und Blüten werden am besten mit den Fingernägeln abgeknipst. Um sich zusätzliche Arbeit zu ersparen, sortieren Sie die unbrauchbaren Pflanzenteile gleich vor Ort aus.

Zu den Mengenangaben in den Rezepten: 20 g frische Blätter entsprechen etwa einer guten Handvoll. 100 g entsprechen etwa einem Beutel von 17 × 30 cm Größe, gut gestopft. Solche Beutel verwende ich gerne zum Sammeln, denn so können die Kräuter gleich vor Ort nach Sorten getrennt verstaut werden.

Die meisten Kräuter und Blüten sind in getrockneter Form auch in der Apotheke, im Reformhaus oder im Naturkostladen erhältlich. Selbstverständlich ist dabei immer die geplante Verwendung zu beachten: für ein Salatbouquet oder für gefüllte Blüten etwa benötigen Sie natürlich frische Pflanzen.

Zum Vorbereiten und Konservieren

Einige Kräuter sind in getrockneter Form viel aromatischer. Vor allem die Pflanzen aus der Familie der Lippenblütler wie Dost (Blätter und Blüten), Quendel (Kraut und Blüten), Pastinake (Kraut und Samen), Waldmeister (Blätter) und Klettenlabkraut (Samen) entfalten beim Trocknen ein ganz besonderes Aroma.

Zum Trocknen werden die gesammelten Wildkräuter- und -pflanzen am besten großzügig, also nicht zu dicht geschichtet, auf Gitterroste verteilt. Eine gute Luftzirkulation während dem Trocknen ist wichtig. Das ideale Klima im Haus bietet der Heizungsraum oder ein überdachter Balkon. Die Trocknungszeit beträgt etwa 10 Tage, in denen die Pflanzenteile immer wieder gewendet werden, damit sie nicht schimmeln. Zum Aufbewahren werden grobe Stengel entfernt, die Kräuter in Tiefkühlbeutel gefüllt und luftdicht verschlossen. Ein Bett aus Kräuterheu (Stengel, grobe Pflanzenteile) gibt darauf gegartem Fleisch und Fisch ein einzigartiges Kräuteraroma.

Aus den getrockneten Kräutern stelle ich auch gerne einen sogenannten Grundfond her, indem ich sie in Sahne, Milch oder Gemüsebrühe aufkoche, wie einen Tee ziehen lasse und anschließend den Fond durch ein Sieb abgieße.

In Öl einlegt geben viele getrocknete Kräuter ihr intensives Aroma an das Öl ab. Ein solches Würzöl verwende ich beispielsweise gerne zum Aromatisieren von Rinder- oder Fischtatar oder in einer mit Eiern emulgierten Sauce.

Alle Wildgemüse, deren Blätter wie Spinat zubereitet werden, kann man in Salzwasser mit einer Prise Natron – dies, damit sie ihre leuchtend grüne Farbe behalten – kurz blanchieren und am besten in 250-Gramm-Portionen einfrieren. Da die Erntezeit der dafür geeigneten Wildpflanzen häufig sehr kurz ist, ist es ratsam, sich davon einen großzügigen Vorrat anzulegen.

Zum Kochen

Da der Geschmack einiger Wildpflanzen und -kräuter sehr intensiv ist, empfehle ich, die Kräuter vor der Verwendung einfach zu probieren und dann entsprechend dem persönlichen Geschmack zu dosieren. Die Mengenangaben in den Rezepten sind erprobt, zuverlässig und wohl ausgewogen. Unter den wertvollen Inhaltsstoffen der Wildpflanzen, die sich besonders positiv auf den Stoffwechsel auswirken, spielen die Tannine (Gerbstoffe) eine wichtige Rolle. Sie regen die Magensaftproduktion und die Verdauung an; daher sind auch Gerichte mit Wildpflanzen besonders gut verträglich. Da die Gerbstoffe geschmacklich als leicht bitter empfunden werden, empfiehlt sich eine sorgfältige Dosierung.

Die Rezepte sind, sofern nicht anders vermerkt, für 4 Personen berechnet.

Ackersenf

Sinapis arvensis

Die Pflanze ist ein hervorragendes Wintergemüse. Die Blätter können wie Spinat gedünstet werden. Die Blütenknospen bereichern Salate; ich bereite daraus auch einen gelben Pesto zu.

Lachs mit Ackersenfblütenpesto

Ackersenfblütenpesto:
20 g frische gelbe Ackersenfblüten
20 g Mandelgrieß
20 g geriebener Mimolettekäse
4 EL Sommerrapsöl
40 g pürierter Kürbis
1 EL Dijonsenf
1 TL Meersalz
1 TL Kurkuma

12 fingerdicke Lachsfiletscheiben à 60 g,
Haut geschuppt
40 g Trüffel, in dünne Scheiben geschnitten
Meersalz, Pfeffer aus der Mühle

250 g zarte Ackersenfblätter, blanchiert
25 g Butter
1 TL Honig
Meersalz

Garnitur:
4 Ackersenfblütendolden
12 Trüffelscheiben
Meersalz

Alle Zutaten für den Pesto fein pürieren und mit Öl nach und nach cremig rühren. Abschmecken.
Jeweils 3 Lachsscheiben hochkant auf einem gebutterten Backblech zusammenstellen. Zwischen die 3 Lachsschichten jeweils 7 Trüffelscheiben legen. Würzen und vor dem Servieren 10 Minuten im Backofen bei 70 Grad auf den Punkt garen.
Die blanchierten Ackersenfblätter in heißer Butter schwenken. Mit Honig und Meersalz abschmecken und auf vorgewärmte Teller geben. Die Lachsportionen darauf anrichten und mit dem Pesto einen Kranz aus Punkten auf den Teller träufeln. Mit den Ackersenfblüten und Trüffelscheiben garnieren und den Lachs mit Meersalz würzen.

Roquefortsuppe mit Ackersenf

1 Birne, geschält und geviertelt
1 EL Öl
1 TL Butter
1 EL Zucker
4 Wildmöhrenblütenstengel, getrocknet, ca. 15 cm lang

Suppe:
4 Eier, weich gekocht (5 Minuten)
1 Kartoffel, gekocht
50 g Ackersenf, blanchiert
500 ml Kräuterfond (siehe Grundrezepte)
50 g Roquefort
300 ml Sahne
2 EL Honig
Meersalz

Garnitur:
4 Ackersenfblüten

Die Birnenviertel in etwas Öl und Butter 8–10 Minuten anbraten, dann mit Zucker bestreuen und diesen karamellisieren. Abkühlen lassen. Jeweils ein Birnenviertel mit der spitzen Seite nach oben auf einen Wildmöhrenblütenstengel aufspießen
Für die Suppe Eier, Kartoffel, Ackersenf, Roquefort, Honig und die Hälfte des Kräuterfonds fein pürieren. Die Sahne und den restlichen Kräuterfond dazugeben. Abschmecken. Die Suppe kurz vor dem Servieren im Wasserbad bei 60 Grad erwärmen. Auf keinen Fall kochen, da sonst das Ei stockt und die Suppe ihre grüne Farbe verliert.
Die Birnenspieße vor dem Servieren nochmals kurz erwärmen, in der Suppe servieren und diese mit einer Ackersenfblüte garnieren.

Tipps:
Die Suppe kann als Amuse-bouche auch in Espressotassen serviert werden.
Statt Ackersenf kann Rucola oder Wiesenschaumkraut verwendet werden.

Hühnerbruststrudel mit Baldrian

4 Hühnerbrüste
1 EL Sonnenblumenöl
Meersalz, Pfeffer aus der Mühle
4 Huflattichblätter
2 EL Sonnenblumenkerne
1 Ei
100 g Strudelteigblätter
Butter

50 g Baldrianblätter, klein geschnitten
2 EL Weinessig
1 EL Honig
1 EL rosa Pfeffer
1 EL Butter
Meersalz, Pfeffer aus der Mühle

Die Hühnerbrüste kurz in Öl anbraten und würzen.
Die Huflattichblätter in kochendem Wasser 2 Minuten garen und in kaltem Wasser abschrecken. Abtropfen lassen.
Die Sonnenblumenkerne leicht rösten, grob hacken und mit Meersalz würzen. Das Ei verquirlen und die Sonnenblumenkerne darunterrühren. Die angebratenen Hühnerbrüste darin wenden, in die Huflattichblätter und anschließend in den Strudelteig einwickeln. Die Teigpäckchen mit zerlassener Butter bestreichen und im Backofen bei 220 Grad 8 Minuten backen.
Inzwischen den Baldrian mit Essig und etwas Wasser kochen. Den Honig und den rosa Pfeffer dazugeben. Die Butter in Stückchen darunterrühren. Abschmecken.
Den Baldrian auf den Tellern anrichten.
Die Strudel schräg durchschneiden und senkrecht mit der Schnittfläche nach oben auf die Teller setzen.

Wiesenbärenklau-Käsetarte

Füllung:
500 g junge Wiesenbärenklaustiele und -blätter
1 Zwiebel, fein gewürfelt
100 g Butter
100 ml Wasser
100 ml Sahne
Meersalz, Pfeffer aus der Mühle

Tarte:
500 g Blätterteig
125 g geriebener Emmentaler
1 Eigelb
1 EL Wasser
etwas Meersalz

Die Wiesenbärenklaustiele schälen, die zarten Triebe (Spitzen) in feine Streifen schneiden. Mit der Zwiebel, 30 Gramm Butter und dem Wasser in einen Topf geben und weich garen. Dann die Sahne hinzufügen und sämig einkochen. Die restliche Butter in Stückchen dazugeben und alles cremig rühren. Würzen und abschmecken. Abkühlen lassen.
Für die Tarte den Blätterteig zu zwei Platten, etwas größer als die Tarteform, ausrollen. Mit der einen die Form auslegen, den Teig dabei über den Rand der Form lappen lassen. Die Bärenklaucreme auf dem Teig verteilen und mit dem Emmentaler bestreuen. Mit der zweiten Teigplatte bedecken, die Ränder zusammenschlagen und festdrücken. Das Eigelb mit Wasser und Salz vermischen und den Teig damit bestreichen. Mit einer Gabel ein Gittermuster einritzen und die Tarte im Backofen bei 180 Grad etwa 30 Minuten backen.

Tipps:
Diese Tarte kann mit gekochtem Schinken verfeinert werden.
Falls man das Glück hat, Bärenklaublütenknospen zu finden, kann man sie roh über die Füllung verteilen und mitbacken.

Baldrian
Valeriana officinalis

Die blanchierten Wurzeln und Triebe lassen sich gut in einer Essig-Öl-Marinade einlegen. Für Salate sollten nur die jungen Blätter verwendet werden, später entwickeln sie einen bitteren Geschmack. Blüten und Samen eignen sich besonders für Gerichte mit Innereien. Als Tee ist Baldrian wegen seiner beruhigenden und nervenstärkenden Wirkung beliebt.

Bärenklau
Heracleum sphondylium

Im Frühjahr erinnern die Blütenzweige mit den noch geschlossenen Blütenknospen an kleine Brokkoliröschen, übertreffen diese geschmacklich jedoch bei weitem. Im Sommer lässt sich aus den grünen Früchten mit ihrem feinen Zitrusaroma ein interessantes Sorbet herstellen.

Herkulesbärenklau mit Nonnenfürzchen und Sauerkirschen

1 kg zarte Herkulesbärenklau-Blütenstengel, am Vortag geerntet
200 g Zucker
100 ml Zitronensaft
200 ml Wasser
50 g Puderzucker

Nonnenfürzchen:
¼ l Wasser
100 g Butter
1 Prise Meersalz
1 EL Zucker
150 g Mehl
4 Eier
Puderzucker zum Bestäuben

500 g Sauerkirschen, entsteint
2 EL Kristallzucker

Die Blütenstengel des Bärenklaus schräg in 5 Zentimeter lange Stücke schneiden und schälen. Aus Zucker, Zitronensaft und Wasser einen Sirup herstellen und die Blütenstengel darin kurz pochieren. Abtropfen und abkühlen lassen.

Den restlichen Bärenklau in feine Ringe schneiden, ebenfalls im Zuckersirup pochieren und abtropfen lassen. Auf ein mit Backpapier ausgelegtes Blech geben, mit Puderzucker bestäuben und bei 80 Grad im Backofen etwa 40 Minuten trocknen lassen. Für die Nonnenfürzchen Wasser, Butter, Meersalz und Zucker aufkochen und vom Herd nehmen. Das Mehl durch ein Sieb dazugeben und darunterrühren. Den Teig auf dem Herd etwa 4 Minuten kräftig rühren. Leicht abkühlen lassen. Dann die Eier eines nach dem anderen unter den lauwarmen Teig rühren. Die Hälfte des im Backofen getrockneten Bärenklaus daruntermengen. Mit zwei Teelöffeln den Teig zu 12 Nocken formen. Diese im 180 Grad heißen Öl etwa 5 Minuten goldgelb frittieren. Sie blähen sich dabei auf. Auf einem Küchenpapier abtropfen lassen und mit Puderzucker großzügig bestäuben.

Die Sauerkirschen im Bärenklausirup 2 Minuten pochieren, dann herausheben und abtropfen lassen. Den Sirup auf die Hälfte einkochen und die Kirschen wieder dazugeben.

Die Kirschen in Schalen verteilen. Die Nonnenfürzchen darauflegen und die Bärenklaustücke senkrecht zwischen die Kirschen stellen. Die zweite Hälfte der getrockneten Bärenklauringe in Kristallzucker wenden und über die Kirschen verteilen.

Hinweis:
Der Pflanzensaft des Herkulesbärenklaus kann, ebenso wie der Saft anderer Doldenblütengewächse, unter der Einwirkung von Licht Hautschädigungen (Phytophotodermatitis) verursachen. Verantwortlich für diese Hautirritationen sind Furocumarine, die in allen Teilen der Pflanze vorhanden sind. Man sollte den Bärenklau also frühmorgens oder abends und mit Handschuhen pflücken. Sollte beim Pflücken der Pflanze dennoch einmal Saft auf die Haut spritzen, waschen Sie die betroffene Stelle sofort gründlich mit Wasser ab.

Herkulesbärenklau mit Nonnenfürzchen
und Sauerkirschen

Gefaltete Wiesen-bärenklau-Lasagne

Nudelteig:
250 g Hartweizenmehl (Dunst)
5 Eigelb
50 ml Wasser
1 TL Olivenöl

Füllung:
12 Wiesenbärenklau-Blütenknospen
200 g Bärenklaustiele, abgezogen
20 g Butter
Meersalz, Pfeffer aus der Mühle

Grapefruitbutter:
2 rosa Grapefruits
4 TL Grapefruitsaft
4 TL Limettensaft
120 g Butter
Meersalz
Zucker

Grünes Bärenklauöl:
10 g grüner Bärenklausamen
1 EL Wasser
1 Prise Meersalz
4 TL Olivenöl

kandierte Limettenschale
kandierte Grapefruitschale
Szechuanpfeffer

Für den Nudelteig alle Zutaten etwa 10 Minuten langsam zu einem glatten Teig kneten. Den Teig hauchdünn ausrollen und in 4 Streifen von 20 Zentimeter Länge teilen. Diese trapezförmig zurechtschneiden: eine Seite 2 Zentimeter, die gegenüberliegende Seite 6 Zentimeter breit. In kochendem Salzwasser 2 Minuten al dente kochen.

Bärenklaustiele und Blütenknospen in Salzwasser kurz blanchieren, abtropfen lassen, dann in der geschmolzenen Butter schwenken und würzen.
Die Grapefruits filetieren und dabei den Saft auffangen. Grapefruitsaft und Limettensaft in einem kleinen Topf erhitzen, die Butter in Stückchen dazugeben und cremig aufschlagen. Würzen und abschmecken.
Für das grüne Bärenklauöl alle Zutaten pürieren.
Die gegarten Nudelteigplatten auf ein Brett legen, leicht einölen und würzen. Auf der breiten Seite jeweils mit einer Schicht Bärenklaustiele belegen, dann den Teig darüberfalten und die Bärenklaublütenknospen darauflegen. Nun die Teigplatten wieder zurückfalten und mit den Grapefruitfilets belegen. Den Teig wieder darüberfalten und das Ende der Teigplatte ziehharmonikaartig hin und her falten. Die gefalteten Lasagneportionen mit einem Palettenmesser vorsichtig auf ein gebuttertes Backblech legen und mit Alufolie zudecken. Auf ein zweites Backblech Wasser geben und das Blech auf der untersten Schiene im Backofen einschieben. Die Lasagne darüber im 160 Grad heißen Ofen etwa 8 Minuten erwärmen.
Die Lasagne auf vorgewärmten Tellern anrichten. Mit der Grapefruitbutter und dem grünen Bärenklauöl verzieren. Mit den kandierten Limetten- und Grapefruitstreifen und mit Szechuanpfeffer garnieren.

Gefaltete Wiesenbärenklau-Lasagne

~~

Bärlauch
Allium ursinum

Da sämtliche Teile der Pflanze — Zwiebeln, Blätter, Blüten, Blütenknospen und die grünen Samen — verwendbar sind, kann Bärlauch das ganze Jahr über die Küche bereichern. Und da er großflächig wächst, lässt er sich auch in größeren Mengen ernten, als Gemüse oder zu Pesto verarbeiten und einfrieren. Roh verwendet, entfaltet er seine volle Würzkraft.

Paprika mit Stockfisch und Bärlauchcreme

Für 8 Personen

1,2 kg Stockfisch, gewässert
4 Zwiebeln, gewürfelt
100 g Knoblauchzehen, gepresst
2 Kartoffeln, geschält, gewürfelt
100 ml Olivenöl
200 ml Sahne
Espelettepaprikapulver
4 rote Paprika, geschält
50 ml Olivenöl

Paprikasauce:
350 g Paprika, geschält, gewürfelt
1 Zwiebel, klein gewürfelt
60 ml Olivenöl
1 Bouquet garni aus 2 Blatt Lauch,
1 Stengel Selleriekraut, je 1 Zweig Thymian
und Rosmarin und 1 Lorbeerblatt
1 TL Meersalz
1 TL Zucker
1 Prise Chilipulver
100 ml Wasser

Bärlauchcreme:
60 g Bärlauch, frisch
120 g Bärlauch, gedünstet
75 g Sonnenblumenkerne, leicht geröstet
75 g Sonnenblumenöl
1 TL Meersalz

Garnitur:
6 kleine Bärlauchblätter
Bärlauchsamen (Dolde)
Ackersenfblüten
Fenchelkraut

Den gewässerten Stockfisch in Würfel schneiden. Zwiebeln und Knoblauch in etwas Olivenöl glasig dünsten. Stockfisch, Kartoffeln und Sahne dazugeben und etwa 1 Stunde köcheln lassen, bis ein steifer Brei entsteht. Diesen mit dem restlichen Öl cremig pürieren. Mit Paprika würzen.

Die geschälten Paprikaschoten oben und unten gleichmäßig geradeschneiden und halbieren, so dass jeweils zwei breite Ringe entstehen. In Olivenöl 4 Minuten dünsten. Die Paprikaringe auf ein mit Backpapier ausgelegtes Backblech geben und die Stockfischfüllung hineinfüllen.
Für die Paprikasauce die geschälte und gewürfelte Paprika mit den Zwiebelwürfeln im Olivenöl in einem zugedeckten Topf glasig dünsten. Das Bouquet garni dazugeben und mit Meersalz, Zucker und Chili würzen. Mit dem Wasser aufgießen und 20 Minuten köcheln lassen. Das Bouquet garni herausnehmen und auspressen. Die Sauce pürieren und durch ein Haarsieb streichen. Abschmecken.
Für die Bärlauchcreme alle Zutaten im Mixer pürieren. Abschmecken.
Vor dem Servieren die gefüllten Paprika im Backofen bei 150 Grad 8 Minuten erwärmen. Auf Tellern mit der Bärlauchcreme und der Paprikasauce Streifen ziehen. Die gefüllten Paprikaringe darauf anrichten. Mit den frischen Kräutern garnieren.

Tipp:
Die Bärlauchcreme eignet sich auch hervorragend als Brotaufstrich, für Saucen, Suppen, Nudeln und Fondue oder zum Füllen von Cocktailtomaten, auch zu gegrilltem Fleisch und Fisch. Sie lässt sich gut vier Wochen in einem geschlossenen Glas im Kühlschrank aufbewahren.

Paprika mit Stockfisch und Bärlauchcreme

Spargelcappuccino mit Bärlauch und Scampi

Spargelsuppe:
250 g Spargel, geschält
1 Zwiebel
1 Stange Lauch, weißer Teil
50 g Butter
1 Kartoffel, geschält, gewürfelt
100 ml Weißwein
$\frac{1}{2}$ l Wasser
1 Zweig Dost
$\frac{1}{4}$ l Sahne
Meersalz, Zucker, Muskatnuss
50 g Butter

50 g Bärlauch, gewaschen, gut abgetropft

Scampispieß:
12 kleine Scampi
4 Rosmarinstengel, 15–20 cm lang
gehackter Rosmarin
Meersalz, Pfeffer aus der Mühle
Olivenöl

Garnitur:
4 Bärlauchblättchen

Für die Suppe Spargel, Zwiebel und Lauch fein schneiden und in der Butter glasig dünsten. Kartoffel, Weißwein, Wasser und Dost dazugeben und 10 Minuten kochen. Den Dostzweig herausnehmen. Die Suppe pürieren und durch ein Haarsieb streichen. Erneut aufkochen, Sahne, Salz, Zucker, Muskatnuss und Butter hinzugeben und cremig mixen. Abschmecken. Den Bärlauch mit etwa 100 Milliliter der Spargelsuppe pürieren und durch ein Haarsieb streichen.
Jeweils 3 Scampi auf einen Rosmarinstengel spießen. Mit gehacktem Rosmarin, Meersalz und Pfeffer würzen. In heißem Olivenöl auf beiden Seiten kurz anbraten.
Vorgewärmte Tassen zur Hälfte mit Spargelsuppe füllen. Die Bärlauchmischung mit dem Pürierstab aufschäumen und daraufsetzen. In jede Tasse 1 Scampispieß geben und mit Bärlauchblättchen garnieren.

Bärlauchblätter mit Krabben und Kokos

12 große Bärlauchblätter
12 Doststiele, 10 cm lang, getrocknet

Füllung:
50 g Garnelen, klein geschnitten
1 rote Zwiebel, klein gewürfelt
1 Limette, geschält, klein gewürfelt
1 walnussgroßes Stück Ingwer, geschält, fein geschnitten
4 EL Erdnüsse
4 EL Kokosraspeln
1 grüne Chili, entkernt, in Ringe geschnitten

Sauce:
4 EL getrocknete Krabben
50 g Tamarinde
100 ml Waldengelwurzsirup (Rezept Seite 139)

Garnitur:
12 Bärlauchblütenknospen

Die Bärlauchblätter zu einer trichterförmigen Tüte drehen. Die Blattenden seitlich mit einem Doststiel feststecken.
Für die Füllung Garnelen, Zwiebel, Limette und Ingwer im Backofen bei 140 Grad etwa 30 Minuten trocknen. Die Erdnüsse und die Kokosraspeln in einer Pfanne ohne Fett rösten.
Für die Sauce die Krabben im Mörser zerdrücken und mit Tamarinde und Engelwurzsirup sirupartig einkochen.
Vor dem Servieren die Füllung in die Bärlauchtüten geben und jeweils mit einer Bärlauchblütenknospe garnieren. Die Bärlauchtüten in Eierbecher stellen und die Sauce separat dazu reichen.

Tipp:
Als Vorspeise oder als Fingerfood zum Aperitif reichen. Schmeckt nach mehr!

Selleriesuppe mit Bärwurzschaum

Selleriesuppe:
300 g Sellerieknolle, geschält, gewürfelt
100 g Zwiebeln, gewürfelt
60 g Butter
150 g Kartoffeln, geschält, gewürfelt
50 ml Weißwein
½ l Geflügelfond
300 ml Sahne
1 Prise Meersalz
1 Prise weißer Pfeffer aus der Mühle
1 Prise geriebene Muskatnuss

Bärwurzschaum:
20 g Bärwurz
100 ml Vollmilch
2 EL Sonnenblumenöl
1 Prise Meersalz

Garnitur:
4 Zweige Bärwurz

Für die Suppe Sellerie- und Zwiebelwürfel in der Hälfte der Butter glasig dünsten. Die Kartoffelwürfel dazugeben und mit dem Weißwein ablöschen. Den Geflügelfond hinzufügen und 20 Minuten köcheln lassen. Anschließend die Sahne dazugeben, noch einmal aufkochen lassen, pürieren und durch ein Haarsieb streichen. Mit der restlichen Butter aufschlagen und mit Meersalz, Pfeffer und Muskatnuss abschmecken.
Für den Bärwurzschaum die Bärwurz in der Milch aufkochen und pürieren. Sonnenblumenöl und Salz dazugeben und aufschäumen.
Die Suppe in Gläser füllen, den grünen Bärwurzschaum als zweite Schicht darauf verteilen und mit frischen Bärwurzzweigen servieren.

Tipp:
Mit gehobelten Trüffeln verfeinern.

Beifuß-Aperitif

Für 10 Personen

1 l Rotwein
¼ l Weinbrand
100 g Rohrzucker
60 g Beifußblütendolden

Alle Zutaten in ein Gefäß geben und gut verschlossen 60 Tage ziehen lassen.
Den Aperitif durch ein Haarsieb gießen und in Flaschen abfüllen. Nun braucht es nochmals etwas Geduld, denn der Beifuß-Aperitif schmeckt am besten nach weiteren 6 Monaten Flaschenlagerung.
Kühl serviert ein einzigartiger Genuss.
A votre santé!

Pilze mit Beifuß

500 g Schwefelporlinge oder Steinpilze, in Scheiben geschnitten
Olivenöl

Marinade:
2 Schalotten, längs in feine Scheiben geschnitten
1 Knoblauchzehe
1 Lorbeerblatt
1 Zweig Thymian
1 Bund Beifuß
¼ l Weißwein
100 ml Olivenöl
1 Chilischote
Meersalz, Pfeffer aus der Mühle

Die Pilze in etwas Olivenöl wenden. In einer vorgeheizten Pfanne von beiden Seiten leicht anrösten. Würzen.
Für die Marinade sämtliche Zutaten in einen Topf geben und aufkochen. Über die gerösteten Pilze gießen und abkühlen lassen.

Tipp:
Das Rezept kann auch mit Auberginen zubereitet werden.

Bärwurz
Meum athamanticum

Aufgrund ihres Aussehens wird die Bärwurz auch Alpenfenchel genannt. Sie schmeckt nach Anis und Sellerie. Die Pflanze ist von bezaubernder Eleganz, daher verwende ich sie auch gerne als ganzes Kraut.

Beifuß
Artemisia vulgaris

Beifuß ist das typische Gänsegewürz, nicht nur wegen der in ihm enthaltenen Gerbstoffe, die üppige Mahlzeiten leichter verdaulich machen, sondern auch weil er zur traditonellen Schlachtzeit der Gänse im November eines der letzten noch verfügbaren Wildkräuter ist. Die Blätter lassen sich auch gut zu Chips verarbeiten. Die feinste und begehrteste von allen Beifußarten ist die Ährige Edelraute oder Schwarze Edelraute (Artemisia genipi). Sie wächst in den Alpen ab einer Höhe von 2000 Metern.

Beinwell

Symphytum officinale

Aufgrund seines typischen Geschmacks und seines Duftes, der an eine Meeresbrise erinnert, eignet sich Beinwell besonders gut zu Fischgerichten. Die zarten Blätter können gefüllt und zu Rouladen gewickelt werden. Die zarten Stiele lassen sich wie Spargel zubereiten. Doch am besten schmeckt die Pflanze nach meiner Erfahrung paniert oder frittiert.

Winterratatouille mit Kürbis, Quitte und Beifuß

1 Quitte
500 g Kürbis
2 rote Paprika
2 Zwiebeln
8 Knoblauchzehen, gehackt
4 EL Olivenöl
Meersalz, Pfeffer aus der Mühle
5 g Beifußblüten
1 Nelke

Garnitur:
1 Bund frisches Beifußkraut, gezupft

Die Quitte 10 Minuten in kochendem Wasser weich garen. In kaltem Wasser abschrecken, vierteln und entkernen. Die Quitte mit der Schale, Kürbis, Paprika und Zwiebeln in etwa 1 × 1 Zentimeter große Würfel schneiden. Die Zwiebeln mit dem Knoblauch im heißen Öl andünsten, das gewürfelte Gemüse dazugeben, mit Meersalz und Pfeffer würzen. Beifußblüten und Nelke beifügen und alles 15 Minuten bei kleiner Hitze köcheln lassen. Abschmecken. Mit frischem Beifuß bestreut servieren.

Tipp:
Passt hervorragend als Beilage zu Wildgerichten.
Im Sommer ersetzt man Kürbis und Quitte dieser Wintervariante der Ratatouille durch Aubergine, Zucchini und Tomate.

Beinwell-Cordon bleu mit Minz-Beinwell-Sauce

Beinwell-Cordon bleu:
8 große Beinwellblätter, ca. 15 × 8 cm
12 Scheiben Kasseler, 3 mm dick
8 Scheiben Mimolettekäse
1 EL Mehl
2 Eier, verquirlt
200 g frisches Weißbrot, gerieben
50 g geklärte Butter
1 EL Sonnenblumenöl

Sauce:
150 g Joghurt
½ Salatgurke
8 Minzblätter, in Streifen geschnitten
1 Beinwellblatt, in Streifen geschnitten
1 Tomate, gehäutet, gewürfelt
1 Prise Meersalz

Garnitur:
12 junge Beinwellknospen, in Salzwasser blanchiert

Für das »Cordon bleu« die Beinwellblätter mit einem Nudelholz glätten. 4 Beinwellblätter auf der Arbeitsfläche auslegen, jeweils mit 1 Scheibe Kasseler, darauf 1 Scheibe Mimolettekäse, 1 Scheibe Kasseler, wieder 1 Scheibe Mimolettekäse und 1 Scheibe Kasseler belegen. Mit jeweils einem Beinwellblatt bedecken und die Beinwellblätter am Rand zusammendrücken, sie haften aneinander wie ein Klettverschluss. In Mehl wenden, durch die verquirlten Eier ziehen und in den Weißbrotbröseln wälzen. In der heißen Butter-Öl-Mischung etwa 3 Minuten von beiden Seiten goldgelb ausbacken.
Für die Sauce den Joghurt mit einem Drittel der Salatgurke im Mixer pürieren. Mit den Minz- und Beinwellstreifen verfeinern. Die restliche Salatgurke klein würfeln und salzen. Die Tomatenwürfel ebenfalls salzen. Die Beinwell-Cordons bleus auf den Tellern anrichten, die Joghurtsauce sowie die Tomaten- und Gurkenwürfel dazugeben. Mit den Beinwellknospen garnieren.

Beinwell-Cordon bleu mit Minz-Beinwell-Sauce

Berberitze
Berberis aquifolium

Ich schätze die rote, wilde Berberitze und die blaubeerige Mahonia gleichermaßen. Die angenehm säuerlich schmeckenden Beeren eignen sich für Saucen, Gelees, Desserts und Obstweine. Durch ihre kräftige Farbe ergeben sie auch einen schönen Blickfang auf dem Teller.

Grünes Kräutersalz

200 g Giersch
200 g Beinwell
200 g Wiesenkerbel
200 g Weinbergschnittlauch
200 g Meersalz

Alle Kräuter fein hacken. Mit dem Meersalz gut verrühren.
Das Kräutersalz hält sich im Kühlschrank mehrere Monate.

Tipp:
Zum Würzen von Suppen, Reis, Nudelgerichten und Salatsaucen. Ideal für den Winter, wenn es weniger frische Kräuter gibt.

Berberitzen-Cumberlandsauce

1 Limette, Schale in feine Streifen geschnitten, Saft ausgepresst
250 g Schalotten, in feine Streifen geschnitten
50 g Ingwer, geschält, fein geschnitten
500 g Zucker
50 ml Wasser
¼ l Rotwein
1 l Orangensaft
300 g Holunderbeeren
600 g Berberitze
1 TL Johannisbrotkernmehl
1 Prise Chilipulver

Limettenschalen, Schalotten und Ingwer jeweils separat kurz in etwas Wasser abkochen. Durch ein Sieb abgießen.
Den Zucker leicht karamellisieren. Mit Wasser, Rotwein, Orangen- und Limettensaft ablöschen. Holunder und Berberitze dazugeben und etwa 5 Minuten kochen. Pürieren und durch ein Sieb streichen. Das Johannisbrotkernmehl darunterrühren und noch einmal aufkochen. Zuletzt den Chili und die Limetten-, Schalotten- und Ingwerstreifen dazugeben.

Tipp:
Passt hervorragend zu Wild, Wildgeflügel und Fleischpasteten.

〜

Bocksbart mit Eigelb-Ravioli

4 Handvoll Wiesenbocksbart-Blütenknospen
mit zarten Stengeln
4 Lauchstreifen von 15 × 1 cm
60 g Wiesenbocksbartblätter
1 EL Butter
200 g Schwarzwurzel, in Stücke geschnitten
2 EL Sonnenblumenöl
1 Prise Meersalz
1 Prise Zucker

Sauce:
2 EL Weißwein
50 ml Sahne
50 ml Vollmilch
1 Prise Meersalz

Ravioli:
100 g feiner Hartweizengrieß (Dunst)
1 Ei
1 Eigelb
½ TL Olivenöl
1 Prise Meersalz
4 Eigelb

12 Wiesenbocksbartblüten

Die Wiesenbocksbart-Blütenknospen 1 Minute in Salzwasser kochen, abgießen und mit den Lauchbändern zu 4 Bündeln schnüren. Die Wiesenbocksbartblätter 1 Minute in Salzwasser blanchieren, abgießen und dann in der Butter schwenken.

Die Schwarzwurzelstücke im Sonnenblumenöl andünsten, mit Meersalz und Zucker würzen.
Für die Sauce Weißwein, Sahne und Milch aufkochen. Mit Meersalz abschmecken und kurz vor dem Servieren aufschäumen.
Für den Ravioliteig Grieß, Ei, Eigelb, Olivenöl, Salz und 1 Esslöffel Wasser zu einem festen Teig verarbeiten. 30 Minuten ruhen lassen. Den Teig mit der Nudelmaschine dünn ausrollen und zu zwei gleich großen Teigplatten schneiden. Die eine mit einem Pinsel leicht anfeuchten, die 4 rohen Eidotter vorsichtig darauf platzieren. Die zweite Nudelteigplatte darüberlegen und den Teig um die 4 Eidotter vorsichtig andrücken. 4 Ravioli mit 1 Zentimeter Rand rund um die Eidotter ausstechen. Unmittelbar vor dem Servieren 2 Minuten in Salzwasser kochen.
Vor dem Servieren die Bocksbartbündel, die Wiesenbocksbartblätter und die Schwarzwurzeln nochmals erwärmen. Auf die Teller verteilen und die Ravioli daneben anrichten. Mit der aufgeschäumten Sauce überziehen und mit den Wiesenbockbartblüten garnieren.

Bocksbart, Wiesenbocksbart
Tragopogon pratensis

Die zarten, noch geschlossenen Blütentriebe sind roh mein Favorit in Frühlingssalaten. Sie lassen sich auch wie Spargel zubereiten und ergeben, leicht gedämpft, mit einigen Tropfen Olivenöl und Fleur de Sel eine edle Vorspeise.

〜

Brennnessel
Urtica dioica

*Der Klassiker unter den Brenn-
nesselrezepten ist die Zubereitung
als »Spinat«, dank seines hohen
Gehalts an Mineralien und Vita-
min C notabene ein »Super-Plus-
Spinat«. Die intensive grüne
Farbe der gekochten, pürierten
Blätter eignet sich gut zum Färben
von Nudelteig, Kräutersaucen,
Pesto, Suppen und Kartoffelpüree.
Die Blätter lassen sich aber auch
roh zu Kräuterbutter verarbeiten.
Die gerösteten Samen werden wie
Sesam verwendet. Aufgrund des
hohen Nitratgehalts sollten Brenn-
nesseln nicht täglich in großen
Mengen gegessen werden.*

Quarkkuchen mit Brennnesselkaramell

Für 12 Personen

Brennnesselkaramell:
75 g Zucker
400 ml Brennnesseltee (siehe Rezept
Brennnesselbrot, Seite 27)
3 EL Weinessig

Getrocknete Mirabellen:
250 g Mirabellen, entsteint, gewürfelt
50 g Brennnesselsamen
Puderzucker

Quarkkuchen:
50 g Brennnesselsamen
1 EL Zucker
5 Eier
200 g Butter
100 g Zucker
100 g Brennnesselkaramell (siehe oben)
750 g Quark
1 EL Maisstärke
1 Vanilleschote, ausgekratztes Mark
Meersalz

Glasur:
2 Eigelb
1 EL Zucker
1 EL Wasser
4 EL Zuckersirup
5 EL frische Brennnesselsamen

Mirabellenkompott:
600 g Mirabellen, entsteint, geviertelt
100 g Zucker

Garnitur:
12 Mirabellen
12 TL Brennnesselkaramell

Für den Brennnesselkaramell den Zucker
goldbraun karamellisieren, den Brennnesseltee und den Essig dazugießen, aufkochen
und zu sirupartiger Konsistenz einkochen.
Davon 100 Gramm für den Kuchen beiseite

stellen, den restlichen Karamell für die Garnitur verwenden.

Für die getrockneten Mirabellen die entstein-
ten, gewürfelten Früchte auf einem mit Backpapier ausgelegten Blech verteilen, mit den
Brennnesselsamen bestreuen und reichlich
mit Puderzucker bestäuben. Im Backofen bei
80 Grad 1 Stunde trocknen lassen.

Für den Quarkkuchen die Brennnesselsamen
mit dem Zucker in einer Pfanne unter ständigem Rühren karamellisieren. Die Eier
trennen. Die Eigelbe mit Butter, Zucker und
dem Brennnesselkaramell schaumig schlagen.
Den Quark, die Maisstärke, die karamelli-
sierten Brennnesselsamen und das Vanillemark darunterheben. Die Eiweiße mit etwas
Salz steif schlagen. Ein Drittel davon unter
die Quarkmasse rühren, dann den Rest darunterheben.

Eine rechteckige Form buttern und mit
Mehl bestäuben. Der Kuchen besteht aus
5 Schichten: Zunächst ein Drittel der Quarkcreme in die Form geben, dann die getrockneten Mirabellenwürfel, ein weiteres Drittel
der Quarkcreme, karamellisierte Brennnesselsamen und als letzte Schicht die restliche Quarkcreme einfüllen. Den Kuchen
im Backofen bei 175 Grad etwa 40 Minuten
backen.

Für die Glasur die Eigelbe mit Zucker und
Wasser verrühren. Den Kuchen nach dem
Backen damit bestreichen und dann weitere
5 Minuten backen. Erneut herausnehmen
und mit 4 Esslöffel Zuckersirup bestreichen.
Sofort die grünen, frischen Brennnesselsamen darübersieben, damit sie auf dem Zuckersirup haften bleiben. Abkühlen lassen.

Für das Mirabellenkompott die Früchte mit
dem Zucker und 1 Esslöffel Wasser 5 Minuten
kochen.

Den Kuchen in Würfel von 3 × 3 Zentimeter
schneiden. Auf jeden Teller 3 Kleckse Mirabellenkompott geben und darauf je einen
Kuchenwürfel setzen. Mit Brennnesselkara-
mellstreifen und frischen Mirabellen garnieren.

Quarkkuchen mit Brennnesselkaramell

Brennnesselterrine mit Gemüsemosaik auf Wildschnittlauchsauce

Für 12–15 Personen

Terrine:
500 g Brennnesselblätter, gewaschen
300 g mageres Kalbfleisch oder Putenbrust
4 Eier
etwas Knoblauch
Meersalz, Pfeffer aus der Mühle, Muskatnuss
¼ l Sahne
100 g Karotten, geschält, gewürfelt
100 g Blumenkohl, gewürfelt
100 g Brokkoli, gewürfelt
75 ml Sonnenblumenöl

Brennnesselchips:
50 g Brennnesselblätter
1 l Öl zum Frittieren
1 Prise feines Meersalz

Schnittlauchsauce:
150 g Mayonnaise
50 g Wildschnittlauch, in feine Röllchen
geschnitten
150 ml Sahne, steif geschlagen
Meersalz, weißer Pfeffer aus der Mühle

Garnitur:
1 Bund Wildschnittlauch

Für die Terrine die Brennnesselblätter in Salzwasser kochen. Abgießen und in kaltem Wasser abkühlen, abtropfen lassen und gut auspressen. Zusammen mit dem Fleisch durch den Fleischwolf drehen. Eier, Knoblauch und Gewürze unter die Fleischmasse mischen und pürieren. Die Sahne dazugeben. Karotten, Blumenkohl und Brokkoli im heißen Sonnenblumenöl dünsten, abkühlen lassen und unter die Fleischfarce heben.

Die Masse in eine gebutterte Kastenform füllen. Im Backofen in einem mit Wasser gefüllten tiefen Backblech bei 80 Grad etwa 90 Minuten garen. In der Form im Kühlschrank über Nacht abkühlen lassen.
Für die Brennnesselchips jeweils etwa 10 Brennnesselblätter im heißen Öl knusprig frittieren. Sobald es um die Blätter nicht mehr sprudelt und sie noch schön grün sind, herausheben. Salzen.
Für die Sauce die Mayonnaise mit den Schnittlauchröllchen unter die steif geschlagene Sahne heben. Abschmecken.
Die Brennnesselterrine in etwa 2 ½ Zentimeter dicke Scheiben schneiden und anrichten. Mit frischem Wildschnittlauch und Brennnesselchips garnieren. Die Schnittlauchsauce separat dazu reichen.

Schollenfilet mit Brennnessel-Ingwer-Creme

Safranschaum:
100 ml Milch
200 ml Sahne
1 Prise Safran, Meersalz

Brennnesselcreme:
1 Knoblauchzehe, gehackt
1 walnussgroßes Stück Ingwer,
klein geschnitten
2 EL Butter
250 g Brennnesselblätter, blanchiert
1 EL Crème fraîche
1 EL Honig
1 TL Meersalz
100 ml Sahne

Schollenfilets:
8 Schollenfilets à 75 g
30 g Brennnesselsamen
40 g Butter
Meersalz, Pfeffer aus der Mühle

Garnitur:
20 frittierte Brennnesselchips (siehe links)

Für den Safranschaum alle Zutaten zusammen aufkochen und würzen. Mit dem Pürierstab aufschäumen und abschmecken.
Für die Brennnesselcreme Knoblauch und Ingwer in der heißen Butter leicht anbraten. Die blanchierten Brennnesselblätter, Crème fraîche und Honig dazugeben und würzen. Abkühlen lassen. Dann die Sahne dazugeben und alles cremig pürieren.
Die Schollenfilets mit den Brennnesselsamen bestreuen, würzen und nur von einer Seite in der heißen Butter kurz braten. Im Backofen bei 55 Grad etwa 8 Minuten warm halten.
Die Brennnesselcreme, damit sie ihre grüne Farbe nicht verliert, langsam erwärmen. Den Safranschaum ebenfalls erhitzen. Die Brennnesselcreme auf die Teller verteilen. Die Schollenfilets darauf platzieren und mit Safranschaum umranden. Mit den frittierten Brennnesselchips garnieren.

Brennnesselbrot

Brennnesseltee:
400 ml Wasser
150 g frische Brennnesseln

Roggenmischbrotteig:
150 g Weizenmehl Type 550
300 g Roggenmehl
300 g Sauerteig, vom Bäcker
1 TL Backtriebmittel (beim Bäcker erhältlich)
½ Hefewürfel (21 g)
10 g getrocknete Brennnesselblätter
15 g grobes Meersalz

Für den Brennnesseltee das Wasser aufkochen. Mit einem Nudelholz über die Brennnesseln rollen, um die Brennhärchen unschädlich zu machen, dann die Blätter in Streifen schneiden und mit dem kochenden Wasser aufgießen. Abkühlen lassen und den Tee durch ein Sieb abseihen.
Den abgekühlten Brennnesseltee mit Mehl, Sauerteig, Backtriebmittel und Hefe mischen und 7 Minuten kneten. Die getrockneten Brennnesselblätter und das Meersalz dazugeben und nochmals 3 Minuten kneten. Den Teig in eine eingefettete Kastenform füllen und etwa 2 Stunden bei Raumtemperatur gehen lassen.
Ein Backblech mit Wasser füllen und auf der untersten Schiene des Backofens einschieben. Das Brot darüber im Backofen bei 100 Grad zuerst 15 Minuten dämpfen, dann die Temperatur auf 240 Grad erhöhen und das Brot 35 Minuten backen.

Tipp:
Einfacher lässt sich das Brennnesselbrot in einem Brotbackautomaten zubereiten.

Brombeere
Rubus fruticosus

Um den Tanningeschmack der Brombeertriebe zu mildern, blanchiert man sie dreimal und legt sie dann in Kräuteressig oder Öl ein. Die Brombeerblätter ergeben, getrocknet und leicht fermentiert, einen wohlschmeckenden Tee, den bereits Hildegard von Bingen bei Erkältungskrankheiten und Kopfschmerzen empfahl.
Aus den Beeren werden neben Desserts und Kuchen gerne Brombeerwein oder Gelee hergestellt.

Brombeersprossen-Sushi

Sushireis:
250 g Kleb- oder Rundkornreis
1 Handvoll Moos
¼ l kaltes Wasser
4–5 EL Beifuß-Aperitif (Rezept Seite 19)
oder Reiswein oder Sherry

Würzmischung:
4 EL Weinessig
1 TL Zucker
3 EL Beifuß-Aperitif
1 TL Meersalz
2 EL Sojasauce

Brombeersprossen:
12 Brombeersprossen
3 EL Sojasauce
4 EL Reisessig
1 EL Zitronensaft

Omeletts:
8 Eier, verklopft
2 EL Öl

12 Riesengarnelen, geschält, Schwanzflosse belassen
2 EL Öl
Meersalz
Paprikapulver

Garnitur:
4 TL Tannenspitzensenf (Rezept Seite 44)
4 TL rosa Ingwer, eingelegt (in Asienläden erhältlich)

Den Reis unter fließendem Wasser waschen, bis das Wasser klar abläuft. Gut abtropfen und etwa 12 Minuten quellen lassen, dabei mehrmals umrühren. Inzwischen das Moos in einen Topf legen, mit etwas Wasser bedecken und 5 Minuten köcheln lassen.

Das restliche Wasser, den Beifuß-Aperitif und den Reis dazugeben. Alles zugedeckt bei großer Hitze 2 Minuten aufkochen, dann 5 Minuten bei mittlerer Hitze weiterkochen und schließlich noch 15 Minuten ziehen lassen. Das Moos entfernen.
Die Zutaten für die Würzmischung gut verrühren, bis sich Zucker und Salz aufgelöst haben. Den Reis in eine Schüssel geben, die Würzmischung darüber verteilen und gut umrühren. Den Reis immer wieder umschichten, bis er abgekühlt ist. Mit einem feuchten Tuch abdecken, damit er nicht austrocknet.
Von den Brombeersprossen die Blätter entfernen und die Stengel schälen. In Salzwasser 1 Minute kochen. Dann in Sojasauce, Zitronensaft und Essig einlegen.
In einer beschichteten Pfanne im heißen Öl die verklopften Eier zu 12 hauchdünnen Omeletts ausbacken. Die Omeletts jeweils auf eine Sushimatte legen, mit Sushireis belegen, die Brombeersprossen gleichmäßig darüber verteilen und sofort mit Hilfe der Sushimatte einrollen und pressen. Mit den anderen Omeletts genauso verfahren.
Die Garnelen am Rücken längs einritzen und den dunklen Darmfaden entfernen.
Die Garnelen im heißen Öl braten, würzen. Auf jeden Teller 3 Sushi und 3 Garnelen anrichten. Mit rosa Ingwer und Tannenspitzensenf garnieren.

Brombeersprossen-Sushi

+~+

Kohldistel
Cirsium oleraceum

Diese stachellose Gemüsedistel mit Artischockenaroma ist sozusagen eine »gezähmte Distel« — deshalb können nicht nur ihre Stengel, sondern vor allem ihre Blätter gegessen werden. Sie lassen sich wie Spinat zubereiten.

Artischocken mit Distelöl und Giersch

4 Artischocken
3 EL Distelöl
1 TL Mehl
1 Karotte, geschält, grob geschnitten
1 Zwiebel, grob gewürfelt
1 Stange Staudensellerie, grob geschnitten
20 g Giersch, grob geschnitten
2 Knoblauchzehen, gehackt
1 Zweig Thymian
1 Zweig Rosmarin
1 Lorbeerblatt
5 g frischer Koriander
1 TL Korianderkörner
1 Nelke
je 1 TL Zucker und Meersalz
weißer Pfeffer aus der Mühle
100 ml Weißwein
2 EL Weißweinessig
¼ l Wasser
2 EL Butter

100 g Artischockenpüree
3 EL Distelöl
1 TL Honig
Meersalz, weißer Pfeffer aus der Mühle

Koriandercracker:
100 g Baguetteteig (siehe Grundrezepte)
1 Eigelb
1 TL Korianderkörner, zerstoßen
1 TL grobes Meersalz

Gemüsewürfel:
je 1 EL Sellerie, Karotte, Gierschstiele, gewürfelt
1 EL Distelöl
1 EL Zuckerrübenessig

Garnitur:
frische Gierschblätter und -blüten
Korianderkraut
8 Distelblüten

Von den Artischocken die Stiele abbrechen und alle äußeren Blätter entfernen. Die Blütenhaare mit einem scharfen Messer entfernen. Die Artischockenböden vierteln und in kaltes Essigwasser legen, damit sie nicht braun werden. In einem Topf die abgetropften Artischockenböden im heißen Distelöl leicht anbraten. Mit Mehl bestäuben. Das grob geschnittene Gemüse, die Kräuter und Gewürze dazugeben. Mit Weißwein, Essig und Wasser bedeckt etwa 15 Minuten zugedeckt garen. Die Artischockenböden herausnehmen. Den Garfond sirupartig einkochen, dann durch ein Sieb passieren und die Sauce darunterrühren. Abschmecken. Die fleischigen Artischockenblätter 20 Minuten in Salzwasser kochen. In kaltem Wasser abkühlen. 12 Blätter zum Garnieren zur Seite legen.

Für das Artischockenpüree von den übrigen Blättern das Fleisch mit einem Küchenmesser herauslösen, durch ein Haarsieb pressen, mit Distelöl, Honig, Meersalz und Pfeffer würzen und warm stellen.

Für die Koriandercracker den Baguetteteig auf einer bemehlten Fläche sehr dünn ausrollen. Auf ein Backblech legen und 10 Minuten im Kühlschrank ruhen lassen. Dann die Ränder abschneiden. Das Eigelb mit 1 Esslöffel Wasser verrühren und die Teigfläche damit bestreichen. In 2 × 10 Zentimeter große Stäbchen schneiden. Mit zerstoßenem Koriander und grobem Meersalz bestreuen. Im Backofen bei 180 Grad etwa 10 Minuten knusprig backen.

Die Gemüsewürfel im heißen Distelöl knackig dünsten.

In tiefe Teller je 3 Artischockenblätter legen und auf jedes eine Nocke Artischockenpüree setzen. Die Artischockenviertel und den Garfond dazugeben. Die Gemüsewürfel mit dem Zuckerrübenessig darüber verteilen. Mit Gierschblättern und -blüten, Korianderkraut und violetten Distelblütenfäden garnieren (von den Distelblüten mit einer Schere den Blütenansatz wegschneiden).

Artischocken mit Distelöl und Giersch

Dost
Origanum vulgare

*Der besonders in der Mittelmeer-
küche beliebte Dost wird zum
Würzen von Tomatengerichten,
Pizza und Suppen verwendet.
Besonders aromatisch ist die Kom-
bination von Dost, Salbei und
Basilikum.*

Kohldistel-Frühlingsrollen

100 g Rinderhackfleisch
2 EL Distelöl
200 g Kohldistelblätter, klein geschnitten
1 Zwiebel, fein gewürfelt
50 g Rundkornreis, gekocht
8 Frühlingsrollenblätter
1 EL Mehl, mit 1 EL Wasser verrührt

Distelsauce:
2 EL Sojasauce
1 EL Weinessig
2 EL Mineralwasser
4 EL Ackerdistelstiele, klein geschnitten
dünne Karottenscheiben
1 EL Distelblüten

1 EL Öl zum Frittieren

frische Wildkräuter:
Knoblauchrauke
Wiesenkerbel
Pimpernelle
Vogelmiere

Das Hackfleisch im heißen Distelöl anbraten.
Die klein geschnittenen Kohldistelblätter
und Zwiebelwürfel dazugeben und mitdünsten, dann den gekochten Reis daruntermischen.
Die Frühlingsrollenblätter in kaltem Wasser
einweichen, dann auf einem Tuch auslegen.
Die Kohldistelfüllung darauf verteilen
und einrollen. Die Seiten einklappen, mit
der Mehl-Wasser-Mischung bestreichen
und festdrücken.
Für die Distelsauce alle Zutaten verrühren.
In 4 Portionsschälchen verteilen und jeweils
mit 1 Distelblüte garnieren.
Die Frühlingsrollen 3 Minuten im heißen
Öl frittieren. Auf Küchenpapier abtropfen
lassen.
Mit frischen Kräutern und der Distelsauce
anrichten.

Dorade mit Dostschuppen und Gartenaromen

4 Doradenfilets à 125 g
1 Eiweiß
20 g Dostblätter, abgezupft
Olivenöl

Wildkräuterbouquets:
4 Blätter Eichblattsalat
je 40 g Löwenzahn, Beifuß, Wassermiere,
Weinbergschnittlauch und Waldkresse
4 dünne Karottenscheiben, längs geschnitten
getrocknete Kräuterstiele zum Befestigen

Salatsauce:
2 EL Balsamico
4 EL Olivenöl
100 g »Rheinkapern«, in Scheiben
geschnitten (siehe Rezept Seite 66)
Meersalz, Szechuanpfeffer

2 Tomaten, gehäutet, halbiert
Meersalz, Pfeffer aus der Mühle

Die Hautseite der Doradenfilets mit dem
verquirlten Eiweiß bestreichen und mit
den Dostblättern schuppenartig sehr dicht
belegen.
Aus je einem Salatblatt und den Wildkräutern
4 Bouquets formen. Jeweils mit einer Karot-
tenscheibe umwickeln und diese mit einem
Kräuterstiel befestigen. Damit das Bouquet
gut steht, unten geradeschneiden. Die Kräuterabschnitte fein hacken und beiseite stellen.
Die Zutaten zur Sauce verrühren und abschmecken.
Vor dem Servieren die Dorade 5 Minuten
auf der Dostseite auf den Punkt garen. Die
Tomaten in etwas Olivenöl anbraten. Die
beiseite gestellten Kräuterabschnitte ebenfalls
im Öl braten, mit Salz und Pfeffer würzen
und auf die Tomaten geben.
Auf vorgewärmte Teller jeweils eine Tomaten-
hälfte setzen. Das Doradenfilet danebenle-
gen, die Wildkräuterbouquets mit der Salatsauce beträufeln und dazusetzen.

Zickleinrücken mit Dost und Feldthymian

2 Zickleinrücken à 8 Koteletts, küchenfertig
Butter und Olivenöl
2 Bund Dost
100 g Mehl
50 g Wasser

Bouillon:
1 Zwiebel, gewürfelt
1 Karotte, geschält, grob gewürfelt
¼ Stange Lauch, grob geschnitten
Zickleinparüren
½ l Weißwein
¼ l Lammfond
2 l Wasser
1 Lorbeerblatt
2 EL Zucker
1 kleiner Tannenzweig
1 Bund Feldthymian
1 EL Maisstärke
1 EL Weinessig
Meersalz, Pfeffer aus der Mühle

Garnitur:
4 Zweige Feldthymian
4 Dostblüten

Den Zickleinrücken salzen und pfeffern. In einem Bräter in der heißen Butter-Öl-Mischung von beiden Seiten scharf anbraten. Dann im Backofen bei 280 Grad etwa 3 Minuten rosa garen (à point). Herausnehmen und das Bratfett abgießen.
Für die Bouillon im Bräter Zwiebel, Karotte, Lauch und die Zickleinparüren anrösten. Mit Weißwein, Lammfond und Wasser ablöschen, das Lorbeerblatt dazugeben und 1 Stunde köcheln lassen.
In einem separaten Topf den Zucker karamellisieren, mit der Bouillon aufgießen, den Tannenzweig und den Feldthymian dazugeben und kurz aufkochen. Die Bouillon durch ein Sieb passieren und mit Maisstärke binden. Zuletzt den Weinessig dazugeben und die Bouillon abschmecken.

Etwa 10 Minuten vor dem Servieren den Zickleinrücken in einen gusseisernen Schmortopf auf ein Bett von Dostzweigen legen. Das Mehl mit dem Wasser zu einem Teig kneten, mit den Handflächen zu einer langen Wurst rollen und diese in die Einkerbung des Topfdeckels drücken, den Deckel auflegen (der Topf ist so hermetisch verschlossen und die Aromen bleiben erhalten). Im Backofen bei 250 Grad etwa 8 Minuten garen. Beim Öffnen entsteigt dem Topf ein köstlicher Duft!
Die Zickleinkoteletts tranchieren, auf vorgewärmten Tellern anrichten, mit der Feldthymianbouillon begießen und mit einem Zweig Feldthymian und Dostblüten garnieren.

Sieben-Kräuter-Essig

Je 1 Zweig Beifuß, Bohnenkraut, Dost, Feldthymian, Lavendel, Rainfarn und Rosmarin
1 l Rotweinessig

Sämtliche Kräuter hacken, mit dem Essig in eine Flasche füllen und 4 Wochen ziehen lassen. Passieren.

Tipps:
Dieser sehr aromatische Essig eignet sich zum Würzen von Saucen, Gemüse und Salaten.
Eine gute und schnelle Methode: Die Kräuter im Essig mit dem Pürierstab zerkleinern und durch ein Haarsieb streichen. Kann sofort, ohne Ziehenlassen, verwendet werden.

Eberesche, Vogelbeere
Sorbus aucuparia

Gekocht, können die Beeren wie Preiselbeerkompott serviert werden. Die getrockneten Beeren sind eine wohlschmeckende Alternative zu Rosinen. Ich lege sie gerne als Tresterfrüchte ein. Die Früchte der mährischen Eberesche (Sorbus aucuparia moravica) sind frei von Bitterstoffen und ergeben ein delikates Gelee.

Blaue Kartoffeln im Kräuterheu

Kräuterheu:
insgesamt 1 Handvoll getrocknete Wiesenkräuter: Dost, Feldthymian, Gundermann, Salbei, Steinklee, Orientalische Zackenschote

500 g blaue Kartoffeln (Trüffelkartoffeln, Vitelotte), mit der Schale
Meersalz
Butter, Pfeffer aus der Mühle

Die getrockneten Kräuter als Bett auf den Siebeinsatz des Dampfgarers legen. Die Kartoffeln darauflegen und mit Meersalz bestreuen. Den Dampfkochtopf verschließen und die Kartoffeln etwa 20 Minuten garen. Die Kartoffeln mit Butter genießen oder geschält zu einem blauen Kartoffelsalat verarbeiten.

Tipp:
Die Kartoffeln passen auch sehr gut zum Raclette.

Ebereschen-Kürbis-Chutney

1 Quitte
300 g Kürbis, klein gewürfelt
1 kleine Zwiebel, klein gewürfelt
100 g Ebereschenbeeren
100 g Rohrzucker
6 EL Weinessig
100 ml Sanddornsaft
6 EL Birnensaft
50 g Korinthen
1 walnussgroßes Stück Ingwer, geschält, gewürfelt
1 TL Korianderkörner, zerstoßen
1 TL Johannisbrotkernmehl
1 Prise Chilipulver
1 TL Meersalz

Die Quitte 10 Minuten in kochendem Wasser weich garen. In kaltem Wasser abschrecken, vierteln, entkernen und in kleine Würfel schneiden.
Alle Zutaten mischen und 2 Tage im Kühlschrank ziehen lassen. Dann in einen Topf geben und kochen, bis die Flüssigkeit zum größten Teil verdunstet ist. Das Chutney sollte eine dicklich-sämige Konsistenz haben.

Tipp:
Passt gut zu Patés, Hartkäse, luftgetrocknetem Schinken und Garnelen.

+~+

Karottenkuchen mit Vogelbeeren

4 Eier
350 g Zucker
¼ l Sonnenblumenöl
350 g Weizenmehl Type 405
500 g Karotten, geschält, geraspelt
1 EL Backpulver
1 TL Meersalz
1 EL Wildmöhrensamen
100 g Vogelbeeren, getrocknet

Die Eier mit dem Zucker schaumig rühren. Das Öl dazugeben, dann Mehl, Karotten, Backpulver, Meersalz, Wildmöhrensamen und die getrockneten Vogelbeeren darunterheben. Den Teig in eine gebutterte Kastenform füllen und im Backofen bei 180 Grad 40 Minuten backen.

Tipp:
Mit Steinkleequarkcreme (Rezept Seite 117) oder Vanilleeis servieren.

Waldengelwurzparfait

Für 10 Personen

Engelwurzstäbchen:
½ l Wasser
200 g Zucker
Saft von ½ Zitrone
200 g Engelwurz, in Stäbchen geschnitten
Puderzucker

Parfait:
200 ml Engelwurzsirup (vom Kochen der Stäbchen)
8 Eigelb
800 ml Sahne
20 ml Kräuterlikör (z. B. Pastis oder Absinth)

Schokoladenbiskuit:
140 g Eiweiß (von ca. 5 Eiern)
1 Prise Meersalz
90 g Zucker
110 g Eigelb (von ca. 5 Eiern)
70 g Weizenmehl Type 550
20 g Kakaopulver

Erdbeersauce:
100 g Gartenerdbeeren, geputzt, Stielansatz entfernt
100 g Walderdbeeren, geputzt, Stielansatz entfernt
1 TL Puderzucker

Schokoladensauce:
3 EL Zucker
100 ml Wasser
2 EL Kakaopulver
1 Prise Meersalz

Engelwurzsauce:
2 EL grüner Engelwurzsamen
5 EL Engelwurzsirup (vom Kochen der Stäbchen)

Garnitur:
50 Walderdbeeren mit Stielansatz

Engelwurz, Waldengelwurz
Angelica sylvestris

Die Wurzel der Engelwurz diente schon in der Klostermedizin zur Herstellung von Elixieren und eignet sich auch heute noch sehr gut zur Herstellung von Magenbitter. Ich verwende die Pflanze gerne zum Aromatisieren von eingelegten Früchten und als typische Likörpflanze.

Waldengelwurzparfait

Für die Engelwurzstäbchen Wasser, Zucker und Zitronensaft zu einem Sirup kochen. Die Engelwurzstäbchen 2 Minuten darin kochen, herausnehmen, auf ein mit Backpapier ausgelegtes Blech verteilen, mit Puderzucker bestäuben und im Backofen bei 80 Grad etwa 1 Stunde trocknen lassen. Für das Parfait den auf etwa 200 Milliliter reduzierten Engelwurzsirup mit den Eigelben schaumig schlagen. Abkühlen lassen. Die Sahne steif schlagen und zusammen mit dem Likör unter die Eigelbmischung heben.

Für das Schokoladenbiskuit die Eiweiße mit dem Salz steif schlagen. Die Hälfte des Zuckers dazugeben und noch kurz weiterschlagen. Dann die zweite Hälfte des Zuckers daruntermischen. Die Eigelbe und das mit dem Kakao gemischte Mehl darunterheben. Den Teig auf einem mit Backpapier ausgelegten Blech etwa ½ Zentimeter dick ausstreichen und im Backofen bei 180 Grad etwa 6 Minuten backen. Herausnehmen und in 10 Rechtecke von 17 × 3 Zentimeter schneiden. Portionierringe von 5 cm Durchmesser auf ein mit Backpapier ausgelegtes Blech stellen und die Innenwände mit den Biskuitrechtecken auskleiden (sie müssen dazu noch weich und formbar sein). Mit dem Parfait füllen und über Nacht gefrieren.

Für die Erdbeersauce die Gartenerdbeeren zu einem Mus kochen, bis die Flüssigkeit verdunstet ist. Abkühlen lassen. Das Erdbeermus mit den Walderdbeeren und dem Puderzucker pürieren.
Für die Schokoladensauce den Zucker hell karamellisieren. Wasser, Kakaopulver und Salz dazugeben, kurz aufkochen, gut mischen und abkühlen lassen.
Für die Engelwurzsauce die Engelwurzsamen mit dem Sirup pürieren.
Mit Engelwurz-, Erdbeer- und Schokoladensauce Punkte auf die Teller setzen. Das Eisparfait darauf anrichten und mit Engelwurzstäbchen und Walderdbeeren garnieren.

Walderdbeersüppchen

500 g Walderdbeeren, geputzt
5 g Waldmeister
50 g Puderzucker
250 g kleine Gartenerdbeeren, geputzt, halbiert
1 EL Zitronensaft

Garnitur:
4 Mohnblüten

Die Walderdbeeren pürieren. 100 Gramm vom Püree mit dem Waldmeister und dem Puderzucker einkochen, durch ein Sieb streichen, abkühlen lassen und zum restlichen Erdbeerpüree geben.
Die halbierten Gartenerdbeeren mit dem Zitronensaft marinieren und 15 Minuten ziehen lassen. Den abgetropften Saft anschließend zur Erdbeersuppe geben.
Die Erdbeersuppe in Suppentellern anrichten und mit Mohnblüten garnieren.

Tipp:
In die Mitte können Sie nach Belieben noch eine kleine warme Brioche setzen (siehe Rezept Mohnbrioche, Seite 84).

Erdbeere, Walderdbeere
Fragaria vesca

Die sehr jungen und zarten Blätter können für Salate verwendet werden. Aus den getrockneten Blättern lässt sich ein Tee zubereiten. Die Walderdbeere gilt für Feinschmecker als die beste Erdbeere überhaupt. Da sich die Früchte aber nicht lange halten, verarbeite ich sie am liebsten zu einer Erdbeersauce.

Feldsalat

Valerianella locusta,
V. eriocarpa

Ein traditioneller Wintersalat.
Die Blätter sind aber auch gehackt
und gedünstet oder in Omeletts
sehr schmackhaft.

Tripmadam

Sedum rupestre

Aufgrund ihrer vielfältigen Ein-
satzmöglichkeiten schätze ich diese
Pflanze sehr. Zu Tempura ausge-
backen, bleiben die dicken Blätter
im Innern schön saftig. Da die
gezupften Blätter an Reiskörner
erinnern, verwende ich sie gerne
in Reisgerichten, etwa in Risotto
oder Reissalat. In einem mit etwas
Zitrone gesäuerten Sirup erge-
ben sie eine schöne Begleitung zu
Desserts.

Fenchel

Foeniculum vulgare

Ein typisches Mittelmeergewächs,
das hauptsächlich zu Fischgerichten
verwendet wird. Ich verwende
Fenchel gerne zusammen mit Mäde-
süß und Orangen. Mit den grünen
Samen würze ich Marzipan. Die
Heilwirkung der Samen wird bei
Schlaf- und Verdauungsstörungen
sehr geschätzt.

Gazpacho von Weinberg-Feldsalat

100 g Weinberg-Feldsalat
50 g Weinberg-Borretsch (Natternkopf)
4 Tomaten, gehäutet
50 g Tripmadam
25 g Gierschstiele
10 g Sauerampfer
10 g Bärlauch
1 Zwiebel
½ l Kräuterfond (siehe Grundrezepte), kalt
4 EL Olivenöl
2 EL Weißbrotkrumen
1 TL Meersalz
Chilipulver

Alle Salatzutaten sehr fein hacken. Den Kräuterfond, das Olivenöl und die Brotkrumen dazugeben und gut verrühren. Abschmecken und sofort gut gekühlt servieren.

Fenchelbowle mit Blüteneiswürfeln

Blüteneiswürfel:
4 kleine Margeriten
1 EL Salbeiblüten
1 EL Storchschnabelblüten
1 Klatschmohnblüte
1 EL Gänseblümchen
8 Orangen-Tagetes
200 ml Mineralwasser

Bowle:
1 Zweig Wildfenchelkraut
2 Handvoll Blüten: kleine Margeriten,
Salbeiblüten, Storchschnabelblüten,
Klatschmohnblüten, Rosenblüten,
Orangen-Tagetesblüten
Saft von 1 Zitrone
½ l Apfelsaft, naturtrüb
200 ml Mineralwasser

Für die Blüteneiswürfel die Blüten in eine Eiswürfelform verteilen, bei großen Blüten die Blätter abzupfen. Mit dem Mineralwasser auffüllen und mehrere Stunden gefrieren. Für die Bowle das Wildfenchelkraut sowie die Blütenblätter abzupfen und in Cocktailgläser verteilen. Mit dem gut gekühlten Zitronen- und Apfelsaft übergießen. Die Blüteneiswürfel dazugeben, kurz vor dem Servieren mit Mineralwasser auffüllen und mit etwas gezupftem Fenchelkraut bestreuen.

Fenchelbowle mit Blüteneiswürfeln

Weiße Fetthenne
Sedum telephium

Die Blätter eignen sich sehr gut zum Frittieren in Ausbackteig (Tempura). Sie blähen sich dabei wie kleine Kissen auf. Sie sind auch püriert in kalten Gemüsesuppen sehr schmackhaft. Neben den Blättern lassen sich auch die jungen, abgezogenen Stiele gut verwenden. Ich verarbeite sie in einem Jakobsmuscheltatar als Kontrast einmal gebacken und einmal roh.

Fichte, Tanne
Picea abies

Die jungen Triebe von Fichten und Tannen verwende ich anstelle von Pinienkernen für Pesto, zu einer aromatischen grünen Senfkomposition oder mit Schokolade verarbeitet als Pralinenfüllung. Das delikate Gelee aus den leicht säuerlich schmeckenden Fichtentrieben erinnert an den Geschmack von Waldhimbeeren. Die jungen Tannenzapfen können zu einem interessanten Sorbet verarbeitet werden.

Jakobsmuschelcarpaccio und -tatar mit Fetthenne

16 Jakobsmuscheln, geputzt
4 EL Traubenkernöl
Meersalz, Pfeffer aus der Mühle
10 g Weinbergschnittlauch, fein geschnitten
2 EL Zitronensaft
40 große Fetthenneblätter, die pergamentartige Haut abgezogen
4 TL Ketakaviar

Weinbergschnittlauchöl:
10 g Weinbergschnittlauch, klein geschnitten
3 EL Traubenkernöl
1 EL Wasser
Meersalz

Tempura:
12 kleine Fetthenneblätter
Tempurateig (siehe Grundrezepte)
Öl zum Frittieren
Meersalz

Garnitur:
12 Halme Weinbergschnittlauch

Für das Carpaccio 8 Jakobsmuscheln in dünne Scheiben schneiden und rosettenförmig auf Teller legen. Mit 2 Esslöffeln Traubenkernöl beträufeln und würzen.
Die restlichen 8 Jakobsmuscheln klein würfeln. Den Weinbergschnittlauch dazugeben. Mit Meersalz, Pfeffer, 2 Esslöffeln Traubenkernöl und Zitronensaft abschmecken. Die Fetthenneblätter kranzförmig auf das Carpaccio legen. Das Tatar in Portionsringe füllen und in die Mitte der Teller setzen. Den Ketakaviar daraufgeben.
Für das Schnittlauchöl sämtliche Zutaten pürieren. Durch ein Sieb passieren.
Für die Tempura die Fetthenneblätter in den Teig tunken und im heißen Öl ausbacken; sie blähen sich dabei auf. Auf Küchenpapier abtropfen lassen und mit etwas Meersalz bestreuen. Je 3 davon auf die Teller geben. Mit dem Schnittlauchöl und dem Weinbergschnittlauch garnieren.

Tannenspitzen-Joghurt-Terrine

Für eine Terrinenform von 0,8 Liter Inhalt

Tannenspitzencreme:
4 Blatt Gelatine, kurz in kaltem Wasser eingeweicht
300 g Joghurt
150 g Tannenspitzen
150 g Zucker
¼ l Sahne, steif geschlagen

Biskuit:
250 g Eiweiß (von ca. 8 Eiern)
180 g Zucker
1 Prise Meersalz
250 g Eigelb (von ca. 9 Eiern), verrührt
180 g Mehl
40 g Kakaopulver

Die abgetropfte Gelatine mit dem Joghurt in einem Topf erwärmen, bis sie aufgelöst ist. Die Tannenspitzen mit dem Zucker pürieren, unter die Joghurtmischung rühren, abkühlen lassen und im kalten Zustand die geschlagene Sahne darunterheben.
Für das Biskuit in einer Schüssel über einem lauwarmen Wasserbad die Eiweiße mit der Hälfte des Zuckers und dem Salz schaumig schlagen. Den restlichen Zucker darunterheben, die Eigelbe, das gesiebte Mehl und den gesiebten Kakao luftig und locker darunterarbeiten. Auf ein mit Backpapier ausgelegtes Blech streichen und im Backofen bei 190 Grad etwa 5 Minuten backen. Das Biskuit herausnehmen, vom Blech ziehen und in ein feuchtes Tuch gerollt kurz schwitzen lassen.
Die Terrinenform leicht einölen, mit Frischhaltefolie auslegen und mit dem Biskuit auskleiden. Die Tannenspitzencreme einfüllen, die beiden überstehenden Längskanten des Biskuits darüberschlagen (überschüssigen Teig abschneiden). Die Terrine im Tiefkühler fest werden lassen. 10 Minuten vor dem Servieren in etwa 2 cm dicke Scheiben schneiden und anrichten.

Jakobsmuschelcarpaccio und -tatar mit Fetthenne

Millefeuille mit Himbeer-Tannenspitzen-Espuma

Für 10–12 Personen

Himbeer-Tannenspitzen-Schaum:
200 g Himbeeren (evtl. tiefgekühlt)
50 g Tannenspitzen
100 g Zucker
100 ml Wasser
2 Blatt Gelatine, kurz in kaltem Wasser
eingeweicht
200 ml Sahne, flüssig

200 g Bitterschokoladenkuvertüre
50 g weiße Kuvertüre
150 g Pinienkerne, geröstet

Die Himbeeren mit Tannenspitzen, Zucker und etwas Wasser fein pürieren.
Im restlichen lauwarmen Wasser die abgetropfte Gelatine auflösen und zusammen mit der Sahne zum Himbeerpüree geben. Noch einmal kurz mit dem Handmixer verrühren und durch ein Haarsieb streichen. In den Sahnebereiter füllen und 3 Stunden kühl stellen. Vor dem Gebrauch gut schütteln.
Die weiße Kuvertüre über einem nicht zu heißen Wasserbad (oder in der Mikrowelle auf der kleinsten Stufe) schmelzen. Ein Stück Frischhaltefolie auf ein Brett legen und mit der geschmolzenen Schokolade parallele Streifen auf die Folie ziehen. 5 Minuten im Kühlschrank fest werden lassen. Die Bitterschokoladenkuvertüre ebenfalls schmelzen und mit einem Palettenmesser als Schicht über den weißen Streifen auf dem gesamten Folienstück verstreichen. Wiederum im Kühlschrank fest werden lassen. Mit einem runden Ausstecher daraus Schokoladenplättchen ausstechen.
Auf die Teller jeweils ein Schokoladenplättchen legen, etwas Himbeerschaum daraufsprühen, ein weiteres Schokoladenplättchen, dann wieder Himbeerschaum daraufgeben und mit einem Schokoladenplättchen abschließen. Mit gerösteten Pinienkernen garnieren.

Hinweis:
Für luftige Schaumzubereitungen aus Frucht-, Kräuter- oder Gemüsepürees verwende ich einen Sahnebereiter (ISI Gourmet Whip, Espumaspender, in der Schweiz: Kisag Rahmbläser), eine Edelstahlflasche, in der die vorbereitete Mischung mit Druckluft zu einem besonders luftigen Schaum wird. Dabei wird ein Drittel weniger Sahne als bei konventionellen Moussezubereitungen benötigt. Wichtig: Der Durchmesser des inneren Ventils darf nicht zu klein sein, damit der Ausgang nicht verstopft.

Tannenspitzensorbet

200 g zarte Tannenspitzen
400 ml Wasser
200 g Zucker
100 ml Zitronensaft

Die Tannenspitzen mit etwas Wasser und dem Zucker im Mixbecher sämig pürieren. Das restliche Wasser und den Zitronensaft dazugeben. Durch ein Haarsieb streichen. In der Eismaschine 15–30 Minuten gefrieren.

Tannenspitzen-Joghurt-Terrine (vorne),
Tannenspitzensorbet (Mitte) und Millefeuille
mit Himbeer-Tannenspitzen-Espuma (hinten)

Franzosenkraut
Galinsoga parviflora

Das ursprünglich aus Südamerika stammende Kraut wurde als Begleitpflanze der Kartoffel bei uns eingeführt und wächst oft in Kartoffelfeldern. Deshalb verwende ich es auch gerne zum Verfeinern von Kartoffelgerichten. Es eignet sich aber auch als Salat und für Pesto.

Tannenspitzensenf

1 kg zarte Tannenspitzen
1 l Weißweinessig
150 g Senfsamen, gemahlen
300 g Roggenmehl
100 g Honig
5 EL Meersalz

Die Tannenspitzen mit einem Teil des Essigs sämig pürieren. Alle anderen Zutaten dazugeben und verrühren. In luftdicht verschlossene Gläser füllen. Kühl und dunkel aufbewahren. Der Senf ist mehrere Monate haltbar.

Tipps:
Schmeckt vorzüglich zu Wild, Gegrilltem und zu Salatsaucen.
Anstelle von Tannenspitzen können für alle hier wiedergegebenen Rezepte auch Föhrenspitzen verwendet werden.

Truffade mit Franzosenkraut und Wildschweinschinkenchips

Wildschweinschinkenchips:
12 Scheiben Wildschweinschinken

Käsekartoffelkuchen (Truffade):
250 g Kartoffeln, geschält, in ½ cm dünne Scheiben geschnitten
4 EL Butterschmalz
Meersalz, Pfeffer aus der Mühle
200 g junger Tome de Laguiole oder Mozzarella, gewürfelt
1 EL Franzosenkraut, gehackt
1 Knoblauchzehe, gehackt

Franzosenkraut:
2 Handvoll Franzosenkrautspitzen
1 EL Weinessig
2 EL Walnussöl

Walnuss-Gomasio (siehe Grundrezepte)

Für die Chips den Wildschweinschinken auf ein mit Backpapier ausgelegtes Blech legen und im Backofen bei 90 Grad etwa 20 Minuten knusprig trocknen.
Für die Truffade die Kartoffelscheiben in kochendem Wasser blanchieren und abtropfen lassen. Anschließend im heißen Butterschmalz goldbraun braten. Mit Salz und Pfeffer würzen. Noch verbliebene Butter aus der Pfanne abgießen. Die gebratenen Kartoffeln mit einer Gabel grob zerdrücken. Den gewürfelten Käse, das gehackte Franzosenkraut und den Knoblauch darunterrühren. Die Kartoffelmischung in einer kleinen beschichteten Pfanne 2 Zentimeter dick in Butterschmalz goldbraun backen. Der Rand soll knusprig, das Innere aber noch luftig sein. Auf die Teller einen Streifen Walnuss-Gomasio ziehen, die Truffade darüberlegen. Die Franzosenkrautspitzen mit Essig und Öl anmachen und auf die Truffade geben. Mit Wildschweinschinkenchips garnieren.

Truffade mit Franzosenkraut und
Wildschweinschinkenchips

Gänseblümchen
Bellis perennis

Die zarten, jungen Blätter und die Blüten können zu Salat verarbeitet werden.
Das Sammeln von Gänseblümchen ist ein guter Weg, um Kindern die Wildpflanzenküche näherzubringen.

Gänsedistel
Sonchus arvensis

Als Distel »getarnt«, gehört diese Pflanze botanisch eher zur Familie der Kopfsalate. Die zarten, jungen Blätter lassen sich als Salat oder gedünstet mit Rahm als Gemüse zubereiten.

Klette
Arctium lappa

Vor dem Garen auf dem Grill können Brotteig, Fleisch oder Gemüse in Klettenblätter eingewickelt werden. So bleibt der Inhalt schön saftig, und die Klettenblätter geben den Speisen ihr feines Aroma. Nach dem Grillen die Blätter entfernen. In Japan werden die zarten Blütenstengel gebleicht als weiße »Schwarzwurzeln« angeboten.

Wildblüten-Wurzelgemüse-Salat

Gemüsesalat:
100 g Karotten
1 kleines Stück Knollensellerie
1 Stange Staudensellerie
4 Radieschen
1 kleiner Kohlrabi
1 Petersilienwurzel
2 Stangen Spargel
1 Stück weißer Rettich

Blüten:
10 g Storchschnabelblüten
10 g Wiesenkerbelblüten
20 g Gänseblümchen
8 orientalische Zackenschotenblüten oder Rucolablüten
8 Schnittlauchblüten
12 Glockenblumen

Bärlauch, Wiesenkerbel, Schnittlauch, Storchschnabel
Verjus-Vinaigrette (siehe Grundrezepte)

Sämtliche Gemüse wenn nötig schälen, dann halbieren und mit der Aufschnittmaschine oder dem Gemüsehobel längs in hauchdünne, etwa 10–15 Zentimeter lange, fast durchsichtige Scheiben schneiden. Mit einem Teil der Blüten etwa 30 Minuten in reichlich Eiswasser geben, so bleiben sie frisch und knackig und die Gemüsestreifen rollen sich hübsch. Vor dem Servieren gut abtropfen lassen und trockenschleudern.
Das Gemüse auf den Tellern anrichten. Die restlichen Blüten und die Kräuter hineinstecken. Mit der Verjus-Vinaigrette überziehen.

Tipp:
Dieser Salat passt gut als Vorspeise zu gegrilltem Fisch.

Rotbarsch mit Gänsedistel, Klette und Rosensauce

Rosensauce:
3 EL Zucker
5 EL Hagebuttenessig oder Weinessig
¼ l Fischfond
125 ml Weißwein
¼ l Vollmilch
¼ l Sahne
4 Wildrosen, Knospen und grüne Blätter klein geschnitten, Blütenblätter in Streifen
1 TL Speisestärke

200 g Gänsedistelstengel, abgezogen, in 10 cm lange Stücke geschnitten und halbiert
50 g Butter, flüssig
Meersalz, Zucker

300–400 g Klettenstiele, abgezogen, in feine Scheiben geschnitten
100 ml Weißwein
4 EL Olivenöl
Meersalz

4 Rotbarschfilets à 150 g
2 EL Olivenöl

Für die Sauce den Zucker hell karamellisieren und mit dem Essig ablöschen. Fischfond und Weißwein dazugeben, aufkochen und etwas einkochen. Dann Milch, Sahne sowie die klein geschnittenen Rosenknospen und -blätter beifügen und etwa 5 Minuten kochen. Durch ein Sieb passieren, salzen und mit Speisestärke leicht binden. Die Rosenblütenblätterstreifen darunterrühren. Abschmecken.
Die Gänsedistelstengel in Salzwasser 2 Minuten kochen. Dann in der Butter wenden, mit Meersalz und Zucker würzen.
Die Klettenstielscheibchen in Weißwein mit Olivenöl und Meersalz knackig dünsten.
Die Rotbarschfilets in Olivenöl auf der Hautseite 4–5 Minuten garen, würzen.
Die Gänsedistelstengel und Klettenscheibchen auf den Tellern verteilen, den Rotbarsch mit der Hautseite nach oben daraufsetzen. Mit der Rosensauce garnieren.

Rotbarsch mit Gänsedistel, Klette und Rosensauce

~~~

Weißer Gänsefuß
Chenopodium album

*Den Gänsefuß oder die Melde
nenne ich aufgrund des typischen,
kräftigen Aromas auch »wilden
Spinat«. Die Blätter verwende ich
für Salate, Suppen und Aufläufe.
Die Samen kann man unter den
Brotteig kneten oder wie Sesam
daraufstreuen; sie lassen sich auch
wie Grieß zu Desserts und Pesto
verarbeiten.*

Kalbsbrustroulade mit Gänsefuß

Für 8 Personen

1,2 kg Kalbsbrust, pariert
1 EL Meersalz
1 TL Pfeffer aus der Mühle
1 EL Zucker

Füllung:
100 g Weißbrot, gewürfelt
4 EL Olivenöl
1 Schalotte, gewürfelt
4 Knoblauchzehen, gehackt
50 g Gänsefuß, in Streifen geschnitten
250 g Hackfleisch vom Kalb
150 ml Kalbsfond
3 Eier
1 TL Meersalz
Szechuanpfeffer, Muskatnuss

10 g Dost, gehackt
2 Knoblauchzehen, zerdrückt
Meersalz, Pfeffer aus der Mühle
1 EL Olivenöl

1 EL Olivenöl
1 Karotte, geschält, gewürfelt
2 Zwiebeln, gewürfelt
1 Tomate, gewürfelt
¼ l Weißwein

Die Kalbsbrust so aufschneiden und aufklappen, dass man ein Rechteck von etwa
20 × 30 Zentimetern erhält (eventuell vom
Metzger machen lassen). Mit Salz, Pfeffer
und Zucker würzen.
Für die Füllung die Weißbrotwürfel im heißen Olivenöl rösten. In eine Schüssel geben.
In derselben Pfanne Schalotte, Knoblauch
und Gänsefuß andünsten. Zu den Weiß-
brotwürfeln geben. Das Hackfleisch mit dem
Kalbsfond und den Eiern verrühren und
würzen. Mit den übrigen Zutaten mischen.
Die Kalbsbrust damit bestreichen und diese
wie eine Roulade zusammenrollen. Mit
Küchengarn binden.

Den gehackten Dost mit Knoblauch, Meersalz, Pfeffer und Olivenöl vermischen und
das Fleisch damit einreiben.
Die Kalbsbrust in einem Bräter im Olivenöl
anrösten. Karotte, Zwiebeln, Tomate und
den Weißwein dazugeben und zugedeckt im
Backofen bei 80 Grad etwa 2 Stunden garen.
Herausnehmen und 20 Minuten ruhen lassen. Die Bratensauce durch ein Sieb passieren und abschmecken. Das Fleisch aufschneiden und mit der Sauce anrichten.

Weißer Gänsefuß mit roter Paprika

Paprikagemüse:
50 g Wildschweinspeck, gewürfelt
2 rote Paprika, geschält, gewürfelt
4 Tomaten, gehäutet, entkernt, gewürfelt
1 Zwiebel, klein gewürfelt
2 Knoblauchzehen, gehackt
1 EL Tomatenmark
2 EL Butter
2 EL Schmalz
1 Prise Chilipulver

500 g weiße Gänsefußblätter
1 Prise Meersalz
1 TL grüner Pfeffer

Für das Paprikagemüse sämtliche Zutaten in
Butter und Schmalz etwa 6 Minuten knackig
dünsten. Abschmecken.
Die weißen Gänsefußblätter in Salzwasser
2 Minuten knackig garen. Abtropfen lassen.
Würzen.
Zum Anrichten Portionierringe auf die Teller setzen. Das Paprikagemüse hineinfüllen
und die Gänsefußblätter darüberlegen, dann
den Ring entfernen.

Tipp:
Passt sehr gut zu gebratenem Fleisch wie
zum Beispiel einem Kalbsbraten oder zur
Kalbsbrustroulade (siehe Foto).

Kalbsbrustroulade mit Gänsefuß und
Weißer Gänsefuß mit roter Paprika

Giersch, Geißfuß
Aegopodium podagraria

Für Gärtner ein lästiges »Un-kraut«, gehört der Giersch in der Wildpflanzenküche zu den beliebten Klassikern und wurde bereits von den Römern geschätzt. Er lässt sich vielfältig verwenden, zum Beispiel als Spinat, in La-sagne, in Füllungen für Ravioli oder Maultaschen oder als Belag für Quiche. Die gerösteten Samen verwende ich in meiner Feldcurry-Gewürzmischung.

Quiche mit Thunfisch, Gänsefuß und Comté

Mürbeteig, salzig (siehe Grundrezepte)

Belag:
2 Zwiebeln, fein gewürfelt
200 g Gänsefußblätter
1 EL Butter
1 EL Dost (wilder Majoran), in Streifen geschnitten
2 EL Olivenöl
160 g frischer Thunfisch, in Scheiben geschnitten
50 g Comté oder Greyerzer, gerieben
2 Eier
¼ l Sahne
Meersalz, Pfeffer aus der Mühle, Muskatnuss

Eine gebutterte Quicheform (24 Zentimeter Durchmesser) mit dem Teig auslegen, da-bei einen 2 Zentimeter hohen Rand bilden. Den Teig einige Male mit einer Gabel ein-stechen.
Die Zwiebeln mit den Gänsefußblättern in Butter glasig dünsten. Auf dem Teig ver-teilen.
Den Dost mit dem Olivenöl mischen und die Thunfischscheiben darin wenden, dann auf den Teigboden legen. Mit dem gerie-benen Käse bestreuen.
Die Eier mit der Sahne verrühren, mit Salz, Pfeffer und Muskatnuss würzen und über die Quiche verteilen. Im vorgeheizten Back-ofen bei 180 Grad etwa 20 Minuten goldgelb backen. Heiß servieren.

Gierschauflauf

120 g Brötchen, gewürfelt
3 EL Butterschmalz
200 ml Vollmilch
1 kleine Zwiebel, gewürfelt
2 EL Speckwürfel
60 g Giersch, fein gehackt
1 Bund Oregano, fein gehackt
1 Bund Beifußblüten, fein gehackt
4 Eier
Muskatnuss
Meersalz, Pfeffer aus der Mühle

Die Hälfte der Brotwürfel in etwas Butter-schmalz rösten, die andere Hälfte in war-mer Milch einweichen und dann beides mit-einander mischen.
Die Zwiebel- und die Speckwürfel mit der Hälf-te des gehackten Gierschs in Butterschmalz dünsten, zur Brotmasse geben. Schließlich den restlichen Giersch, Oregano, Beifußblü-ten und die Eier dazugeben und alles gut mischen. Die Masse in gebutterte Timbale-förmchen füllen und im Backofen in einem Wasserbad bei 90 Grad etwa 30 Minuten garen.

Tipp:
Passt gut zu gebratenen Steinpilzen in Kräuter-sahnesauce.

Knusperturm mit Erbsen, Karotten und Frischkäse

200 g Baguetteteig (siehe Grundrezepte)
2 Eigelb
1 TL Zucker
1 Prise Meersalz
2 EL Wasser
1 EL getrockneter Dost, zerrieben
1 TL grobes Meersalz zum Bestreuen
1 TL schwarze Pfefferkörner, zerstoßen

Belag:
240 g Brillat-Savarin (ein cremiger rindenloser Frischkäse; ersatzweise Sahnequark)
4 EL Pastinakensamen, geröstet, grob zerstoßen
1 EL Meersalz

250 g Karotten, geschält, in feine Scheiben geschnitten
2 EL Wasser
50 g Butter
Meersalz, Zucker
4 EL Gierschsamen, geröstet, zerstoßen

75 g getrocknete Erbsen, gekocht
100 g tiefgekühlte Erbsen, gekocht
30–40 g Wicken, blanchiert
3 EL Butter
Meersalz, Zucker
4 EL Wickensamen, geröstet, zerstoßen

Ebereschen-Kürbis-Chutney (Rezept Seite 34)

Den Baguetteteig sehr dünn ausrollen. Den Teig mit einem Tuch darüber um ein Nudelholz rollen und auf ein eingeöltes Backblech geben.

Die Eigelbe mit Zucker, Meersalz und Wasser verquirlen und damit den Teig bestreichen. Mit Dost, Meersalz und Pfeffer bestreuen. In gleichmäßig große Dreiecke schneiden und im Backofen bei 180 Grad 10 Minuten knusprig backen.
Für die erste Schicht vier der gebackenen Brotdreiecke mit dem Frischkäse bestreichen, mit den Pastinakensamen und Meersalz bestreuen.
Für die zweite Schicht die Karotten mit dem Wasser und etwas Butter 10–12 Minuten dünsten, bis die Garflüssigkeit verdunstet ist. Pürieren und die restliche Butter in Stückchen unter die warme Masse rühren. Mit Salz und Zucker abschmecken. Weitere vier Brotdreiecke mit dem Karottenpüree bestreichen und mit den gerösteten Gierschsamen bestreuen.
Für die dritte Schicht die gekochten, noch warmen Erbsen mit den blanchierten Wicken fein pürieren. Mit der Butter aufschlagen. Mit Salz und Zucker abschmecken. Auf vier Brotdreiecke streichen und mit den Wickensamen bestreuen.
Die drei Schichten jeweils aufeinandersetzen und mit Ebereschen-Kürbis-Chutney servieren.

Tipp:
Diese knusprige Leckerei am besten mit den Fingern genießen.

Wiesenglockenblume
Campanula rapunculus

Die Wurzeln können roh, fein gehackt und mit Butter vermischt, als fein aromatischer Brotaufstrich verwendet werden — eine raffinierte Wildpflanzenvariante der italienischen Bruschetta. Gedünstet werden sie als Gemüse gegessen. Die gezupften Blüten benutze ich gerne als Dekoration.

Petersfisch mit Staudensellerie- und Gierschsalat

Selleriechips:
4 Sellerieblätter, blanchiert, trockengetupft
Meersalz

Sellerie- und Gierschsalat:
4 Stangen Staudensellerie, 15 cm lang,
ohne Kraut
insgesamt 1 Bund zartgrüner Giersch,
Wiesenkerbel, Schafgarbe und Wiesenschaumkraut, geputzt
60 ml Verjus-Vinaigrette (siehe Grundrezepte)

4 Petersfischfilets à 75 g mit Haut
Olivenöl
Meersalz, Pfeffer aus der Mühle
12 Kirschtomaten mit Stiel, Haut eingeritzt
Meersalz
1 Prise Chilipulver
50 ml Olivenöl
Walnuss-Gomasio (siehe Grundrezepte)

Die Sellerieblätter mit Olivenöl bestreichen und, mit Meersalz bestreut, auf ein mit Backpapier ausgelegtes Blech legen. Im Backofen bei 80 Grad 1 Stunde zu Chips trocknen. Für den Selleriesalat die Selleriestangen der Länge nach in 1 Millimeter dünne Scheiben schneiden. 30 Minuten in Eiswürfelwasser legen, bis sich die Streifen kringeln. Abtropfen lassen und trockenschleudern. Den Petersfisch mit Olivenöl beträufeln und würzen. In einer erhitzten beschichteten Pfanne nur auf der Hautseite 4 Minuten auf den Punkt garen (die Oberseite sollte 50 Grad haben, das heißt lauwarm sein). Gleichzeitig die Kirschtomaten mit Salz und Chili in Olivenöl 3 Minuten zugedeckt garen. Auf den Tellern mit dem Walnuss-Gomasio einen Streifen ziehen. Den Sellerie- und den Gierschsalat mit der Verjus-Vinaigrette anmachen und anrichten. Die Kirschtomaten und den Petersfisch dazulegen und mit Selleriechips garnieren.

Buchweizencrêpe mit Pilzen, Aprikose und Glockenblume

Buchweizencrêpeteig:
50 g Buchweizenmehl
125 ml Wasser
1 Ei
1 Prise Meersalz
3 EL Butter, flüssig

4 Aprikosen, eingeschnitten und entsteint
Meersalz
2 TL Butter
1 EL Zucker

12 Glockenblumen, Wurzeln, Blätter und Blüten, gesäubert
120 g Semmelstoppelpilze, geputzt, längs in 3 mm dünne Scheiben geschnitten
Öl, flüssige Butter zum Bestreichen
Meersalz, Pfeffer aus der Mühle
4 TL Mandelöl

Für den Crêpeteig alle Zutaten zu einem glatten Teig verrühren. Den Teig etwa 2 Stunden ruhen lassen. Die Aprikosen innen mit etwas Salz würzen. In eine kleine feuerfeste Form legen, mit Butter bestreichen und mit Zucker bestreuen. Im Backofen bei 220 Grad 5 Minuten garen. Die Wurzeln der Glockenblumen kurz in einer Pfanne braten. Ein Drittel davon in kleine Würfel schneiden und salzen. In eine leicht eingeölte erhitzte Pfanne jeweils etwa 25 Gramm Teig (3 Esslöffel) geben. Sofort rosettenartig mit einigen Pilzscheiben belegen, diese mit etwas Butter bestreichen und würzen. Im Backofen bei 180 Grad weitere 5 Minuten garen. Die Crêpes mit der Pilzseite nach oben auf die Teller legen. Jeweils eine Aprikose daraufsetzen und in die Aprikose Wurzel, Blüte und Kraut der Glockenblume stecken. Mit etwas Meersalz bestreuen und mit dem Mandelöl beträufeln.

Buchweizencrêpe mit Pilzen, Aprikose
und Glockenblume

Gundelrebe, Gundermann
Glechoma hederacea

Als botanische Verwandte der kultivierten Gewürzkräuter Salbei, Thymian und Minze lässt sich die Gundelrebe an deren Stelle und wie diese verwenden. Überraschend: Der typische Geschmack der Pflanze kommt auch gut in Süßspeisen zur Geltung, insbesondere in Verbindung mit Schokolade und Honig.

Sauerklee
Oxalis acetosella

Wegen seiner hübschen Form und seines fein-säuerlichen Geschmacks wird der Sauerklee gerne zum Garnieren von Desserts und Eierspeisen verwendet. In Limonade und Cocktails ist er eine überraschende Alternative zu Limetten.

Glockenblumencocktail

50 g zerstoßenes Eis
250 g passierte Tomaten
¼ l Karottensaft
50 g Glockenblumenwurzel
25 g Glockenblumenkraut
5 g Gierschwurzel
5 g orientalische Zackenschoten- oder Rucolastengel
5 g Sauerklee
5 g Feldthymian
1 TL Meersalz
1 Prise Chili

Garnitur:
12 Glockenblumenblüten

Sämtliche Zutaten fein pürieren und gut gekühlt in Cocktailgläser gießen. Mit Glockenblumenblüten garnieren.

Rotbarbenfilet mit Birnen-Gundermann-Salat

Salat:
100 g Knollensellerie, geschält, gewürfelt
2 EL Zitronensaft
2 Birnen
2 EL Zitronensaft
4 EL Traubenkernöl
2 EL Rosinen
10 g Gundermannblätter, fein geschnitten
1 TL Schwarzkümmel (Nigella), geröstet
Meersalz

4 Rotbarbenfilets
Meersalz, Pfeffer aus der Mühle
1 EL Olivenöl

Garnitur:
1 EL Gundermannblüten
4 zarte Gundermannranken

Für den Salat den gewürfelten Sellerie 1 Minute in etwas Zitronenwasser kochen. Abgießen und im Kühlschrank abkühlen lassen.
Die Birnen schälen und würfeln und sofort mit dem Zitronensaft und dem Traubenkernöl mischen. Rosinen, Gundermann, die Selleriewürfel und den Schwarzkümmel dazugeben und salzen.
Die Rotbarbenfilets mit Salz und Pfeffer würzen. Im heißen Olivenöl auf der Hautseite 3 Minuten auf den Punkt garen.
Den Birnen-Gundermann-Salat auf die Teller verteilen. Das Fischfilet darauflegen. Mit Gundermannblüten und -ranken garnieren.

Weiße Bohnen mit Hartriegelblütensauce

Hartriegelblütensauce:
1 Handvoll Hartriegelblüten
100 ml Sahne
100 ml Milch
50 g Butter

240 g Akazienblüten (Robinie), von Stengeln und Blättern befreit
Meersalz
1 EL Honig
200 g weiße Bohnen, gekocht

Für die Sauce die Hartriegelblüten in einen Topf zupfen, mit Sahne und Milch bedecken, aufkochen und zugedeckt 15 Minuten ziehen lassen. Durch ein Haarsieb streichen und mit der Butter in Stückchen aufschlagen. Abschmecken.
Die Akazienblüten in Salzwasser 1 Minute kochen und abtropfen lassen. Mit etwas Meersalz, dem Honig, den gekochten weißen Bohnen und der Hartriegelblütensauce verrühren. Abschmecken.

Tipps:
Die Blüten nicht waschen, da sonst der aromatische Blütenstaub verloren geht.
Passt gut zu Fischgerichten.
Statt der Akazienblüten kann man Maiskörner oder Zuckererbsen verwenden.

Holunderblüten-Pickles

1 l Wasser
3 EL Meersalz
500 g Holunderblütenknospen, entstielt
¼ l Weißweinessig
½ TL geriebene Muskatnuss
1 Chilischote, ganz

Das Wasser mit dem Salz aufkochen und die Holunderblütenknospen 2 Minuten darin kochen. Abgießen.
Mit dem Weinessig, Muskatnuss und Chili in einem fest verschlossenen Glas 1 Woche im Kühlschrank ziehen lassen.

Tipp:
Eine sehr leckere Beilage zu vielen Vorspeisen.

Roter Hartriegel
Cornus sanguinea

Um das feine Aroma der Blüten zur Geltung zu bringen, dürfen sie nicht über 70 Grad erhitzt werden, das heißt, nicht kochen lassen. Die Blüten können auch zur Likörherstellung eingesetzt werden.

Holunder, Schwarzer
Sambucus nigra

Schon von den Kelten und den Römern wurde der Holunder geschätzt. Die Vitamin-C-reichen Beeren werden für verschiedenste Desserts und zu Wildgerichten, zu Saft, Gelee, Chutney und Wein verarbeitet. Der Blütenauszug eignet sich mit seinem feinen Passionsfruchtaroma hervorragend für exotische Rezepte. Der rote Holunder (Sambucus racemosa), der aufgrund der kompakten Anordnung seiner knallroten Früchte auch Traubenholunder genannt wird, wächst nur im Wald.

Entenkeule mit Schwarzer-Holunder-Sauce

Entenkeule mit Schwarzer-Holunder-Sauce

4 Entenkeulen, gehäutet, in Ober- und
Unterschenkel zerteilt
Meersalz, Pfeffer aus der Mühle, Zucker,
Chilipulver
1 EL Entenschmalz
1 Zwiebel, geschält, ganz
1 Karotte, geschält
¼ Sellerieknolle, geschält
4 Lauch- oder Frühlingszwiebeln
4 Knoblauchzehen mit der Schale
1 kleiner Zweig Rosmarin

Holundersauce:
1 TL Zucker
¼ l Holunderbeersaft
1 TL Weinessig
1 EL Speisestärke

4 Holunderblüten
50 g Tempurateig (siehe Grundrezepte)
Frittieröl
Meersalz

Als Erstes aus der abgelösten Entenhaut Chips
herstellen. Dazu das Fett von der Haut entfernen, die Haut in 4 × 5 Zentimeter große
Stücke schneiden, salzen, zuckern und mit
etwas Chili bestreuen. Auf ein mit Backpapier
ausgelegtes Blech geben und im Backofen
bei 80 Grad etwa 90 Minuten trocknen lassen. Danach bei 150 Grad die Chips etwa
25 Minuten goldbraun backen, bis sie knusprig sind.
Die Entenkeulen würzen und im heißen
Entenschmalz von allen Seiten anbraten.
Herausnehmen. Im gleichen Topf das geputz-
te Gemüse im Ganzen mit Knoblauch und
Rosmarinzweig anbraten und würzen. Die
Entenkeulen wieder dazulegen und im Backofen bei 120 Grad 1 Stunde zugedeckt garen.
Die Entenkeulen und das Gemüse herausnehmen und weitere 20 Minuten ruhen lassen, warm halten.

Für die Holundersauce den Zucker in den
Bräter mit dem Entenbratensatz geben und
leicht karamellisieren. Mit Holundersaft
und Essig ablöschen und aufkochen. Mit dem
Mixstab pürieren und mit der in etwas kaltem
Wasser angerührten Speisestärke binden.
Durch ein Sieb passieren und mit Salz und
Pfeffer abschmecken.
Die Holunderblüten durch den Tempurateig
ziehen und in heißem Öl frittieren. Auf
Küchenpapier abtropfen lassen und mit Salz
bestreuen.
Das Gemüse in vier Portionen teilen und
mit den Ententeilen auf die Teller legen. Mit
der Holundersauce überziehen. Mit den
gebackenen Holunderblüten und den Enten-
hautchips garnieren.

Hopfen
Humulus lupulus

Die fein-herben Triebe des Hopfens passen gut in Omeletts und Rührei und sind, unter verquirlte Eier gemischt, ein schmackhafter Belag für eine Quiche. Da sie zur gleichen Zeit wie Spargel geerntet und wie dieser gekocht werden und auch sehr gut dazu schmecken, nenne ich die Hopfentriebe auch »Hopfen-Spargel«. Aus dem Sud der in Apfelsaft ausgekochten Blütenzapfen lässt sich ein süß-herbes Gelee herstellen.

Huflattich
Tussilago farfara

Die ersten gelben Huflattichblüten erscheinen gegen Ende des Winters, bevor sich die Blätter bilden. Die Blütenknospen lege ich wie Kapern mit Gewürzen in Olivenöl ein. Die Blätter können blanchiert und gefüllt werden.

Wiesenknöterich
Bistorta officinalis

Die jungen Blätter und Stiele dieses Cousins von Sauerampfer und Rhabarber können für eine herzhafte Crème brûlée, in Saucen und als Salat verwendet werden — und nicht zuletzt in einem meiner Lieblingsgerichte, Lasagne bzw. Cannelloni mit Wildkräuterfüllung (siehe Rezepte Seite 14 und 120).

In Hopfen und Malz verlorenes Ei

4 Eier
2 EL Essig

1 Birne
20 g Butter
1 EL Zucker
60 g Hopfensprossen
4 kleine Stücke Roquefort

Malzsabayon:
200 ml Malzbier
2 Eigelb
50 g Butter
1 EL Zitronensaft
Meersalz

Für die Eier in einem hohen Topf Wasser mit dem Essig aufkochen. Die Eier nacheinander aufschlagen, über dem kochenden Wasser öffnen und einzeln vorsichtig in das Wasser gleiten lassen. 3 Minuten darin pochieren, dabei darf das Wasser nicht mehr kochen, denn das Eigelb sollte noch flüssig bleiben. Die Eier aus dem Wasser heben und auf Küchenpapier abtropfen lassen.
Die Birne in 12 Schnitze schneiden. Kurz in Butter und Zucker karamellisieren.
Die Hopfensprossen in Salzwasser 1 Minute kochen, abgießen.
Für den Malzsabayon das Bier auf etwa 50 Milliliter einkochen und mit den Eigelben schaumig aufschlagen. Die weiche Butter nach und nach dazugeben. Mit Zitronensaft und Salz abschmecken.
Den Sabayon sofort auf die Teller verteilen. Das pochierte Ei daraufsetzen und mit Birnenschnitzen, Roquefort und Hopfensprossen garnieren.

Hinweis:
Die Eier müssen legefrisch sein, da sie sonst beim Pochieren auseinanderfallen.

Huflattichrollen mit Kasha und Wiesenknöterich

Füllung:
250 g Kasha (gerösteter Buchweizen)
2 EL Olivenöl
2 Schalotten, fein gewürfelt
4 Wiesenknöterichblätter, in Streifen geschnitten
Meersalz, Pfeffer aus der Mühle
75 g Comté oder Greyerzer, gerieben

12 Huflattichblätter
Meersalz
250 g passierte Tomaten

Das Kasha kurz in Salzwasser aufkochen. Abtropfen lassen.
In einem Topf im heißen Olivenöl die gewürfelten Schalotten und den Wiesenknöterich dünsten. Das Kasha dazugeben und würzen. Abkühlen lassen. Dann den geriebenen Käse darunterziehen.
Die Huflattichblätter in Salzwasser kochen, in kaltem Wasser abschrecken und abtropfen lassen.
Zum Füllen die Huflattichblätter mit der Unterseite nach oben auf die Arbeitsfläche legen. Die Füllung darauf verteilen und in die Blätter einrollen. In eine Auflaufform legen und mit den passierten Tomaten übergießen. Im Backofen bei 180 Grad 20 Minuten backen.

Hinweis:
Kasha ist eine Zutat, die in der slawischen Küche Tradition hat.

In Hopfen und Malz verlorenes Ei

Hundsrose, Hagebutte
Rosa canina

Sowohl die Blüten als auch die Früchte finden in meiner Küche Verwendung. Die Renner im »Vieux Sinzig« sind die Rosenblütenkonfitüre und die herzhafte Hagebuttensauce, die anstelle von Tomatensauce verwendet wird.

Kamille
Matricaria discoidea

Die Kamille ist nicht nur eine bedeutende Heilpflanze, sondern auch eine Würzblüte mit unendlichen Zubereitungsmöglichkeiten. Die feinste Sorte ist die Strahlenlose Kamille. Im Winter ist das zarte Kraut eine Bereicherung für Salate. Über Kamillenteedampf gare ich Fisch.

Hagebuttensoufflé mit Birnensauce

100 g Hagebutten, entkernt
4 EL Hagebuttenwein oder Portwein
1 EL Maisstärke
2 EL Zucker für die Eigelbe
3 Eigelb
4 Eiweiß
2 EL Zucker für den Eischnee
1 TL Backpulver
Puderzucker

Birnensauce:
2 Birnen
6 EL Weißwein
2 EL Zucker
1 Vanilleschote, aufgeschlitzt

Die Hagebutten im Hagebuttenwein oder Portwein weich kochen. Durch ein Sieb in einen Topf streichen, die Maisstärke beifügen und bei kleiner Hitze rühren, bis das Hagebuttenmark eine feste Konsistenz erreicht hat.
Den Zucker mit den Eigelben glattrühren. Die Eiweiße mit der zweiten Portion Zucker steif schlagen. Mit dem Backpulver unter die Hagebuttencreme heben. In eine gebutterte und mit Zucker ausgestreute Souffléform füllen und glattstreichen. Im Wasserbad im Backofen bei 220 Grad 5 Minuten backen, dann die Hitze auf 180 Grad reduzieren und 8 Minuten weiterbacken. Mit Puderzucker bestäuben und sofort servieren.
Inzwischen für die Birnensauce die Birnen schälen, entkernen und in Stücke schneiden. Sofort mit Weißwein, Zucker und Vanilleschote in einen Topf geben und zugedeckt weich kochen. Die Vanilleschote herausnehmen. Die Birnenstücke mit der Flüssigkeit pürieren und durch ein Haarsieb streichen. Warm zum Hagebuttensoufflé servieren.

Les trois crèmes brûlées
Mit Kamille, Sauerklee und Walnuss

Creme mit Kamille und Mohn:
10 g Kamille
125 ml Milch
125 ml Sahne
3 EL Zucker
1 Ei
3 Eigelb
25 g weißer Mohn, geröstet

Creme mit Sauerklee und Ingwer:
2 Handvoll Sauerklee
1 walnussgroßes Stück Ingwer, geschält
125 ml Milch
125 ml Sahne
2 EL Rohrzucker
1 Ei
3 Eigelb

Creme mit Nougat und Walnuss:
25 g Nougat
125 ml Milch
125 ml Sahne
2 EL Rohrzucker
1 Ei
3 Eigelb
4 Scheiben schwarze Walnuss (siehe Rezept Grüne Walnusstarte, Seite 134)

Für die Kamillencreme die Kamille in der Milch aufkochen, etwas ziehen lassen, dann pürieren und die geschlagene Sahne darunterheben. Den Zucker mit Ei und Eigelben glattrühren und beifügen. Die Creme durch ein Haarsieb streichen und den gerösteten Mohn darunterrühren. In kleine feuerfeste Förmchen verteilen.
Für die Sauerkleecreme Sauerklee und Ingwer mit der Milch pürieren. Die Sahne daruntermischen. Den Zucker mit Ei und Eigelben glattrühren und beifügen. In kleine feuerfeste Förmchen verteilen.

Les trois crèmes brûlées

Wiesenkerbel

Anthriscus sylvestris

*Die jungen Blätter des Wiesenker-
bels sind ein klassischer Bestandteil
der Grünen Sauce, sie schmecken
gut in Quark und sind auch als
Kräuterchips ein Genuss. Gehackten Kerbel mische ich gerne unter
den Kartoffelbrotteig, den ich dann
um einen getrockneten Kräuterstiel
gewickelt als Stockbrot backe.*

Für die Nougatcreme das Nougat in der
erwärmten Milch und Sahne auflösen. Den
Zucker mit Ei und Eigelben glattrühren
und beifügen. Alles durch ein Haarsieb streichen und unter ständigem Rühren aufschlagen. In kleine feuerfeste Förmchen verteilen.
Die Cremes in einem Wasserbad im Backofen
bei 90 Grad etwa 1 Stunde fest werden lassen.
Herausnehmen, mit Zucker bestreuen und
mit einer Lötlampe goldgelb karamellisieren.
Die Sauerkleecreme mit einem Kleeblatt, die
Nougatcreme mit einer Scheibe schwarzer
Walnuss garnieren.

Hinweis:

Um Cremes oder Flans zu garen, stellen Sie
die kleinen, mit der Creme gefüllten Förmchen auf mehrere Lagen Haushaltspapier in
eine größere Form, gießen bis zu drei Vierteln der Höhe der Cremetöpfchen heißes
Wasser in die Form und lassen das Ganze
dann wie im Rezept angegeben im Backofen
bei sanfter Hitze garen.

Wiesenkerbel-Stockbrot

Für 12 Personen

Kartoffelbrotteig:
250 g Weizenmehl Type 550
100 g Kartoffeln, gekocht, zerstampft
50 g rohe Kartoffeln, gerieben
10 g Hefe
40 ml Kochwasser von den Kartoffeln
1 EL Wiesenkerbelkraut, gehackt
1 TL Meersalz

12 Wiesenkerbelstiele, ca. 1 cm Durchmesser,
20–30 cm lang
1 EL Wiesenkerbelsamen
12 Wiesenkerbelblüten mit Blättern und
Stielen, 20–30 cm lang

Die Wiesenkerbelstiele etwa 1 Woche vor
Verwendung ernten und zum Trocknen auf-
hängen.
Für den Kartoffelbrotteig Mehl, gekochte
und rohe Kartoffeln, Hefe, Wasser und
Wiesenkerbelkraut 8 Minuten in der Küchenmaschine kneten. 20 Minuten zugedeckt
ruhen lassen. Dann salzen, weitere 8 Minuten kneten und nochmals 20 Minuten ruhen lassen. Den Teig in Stücke zu 35 Gramm
(etwa Eigröße) portionieren. Jedes Teigstück
auf einer bemehlten Fläche zu einer etwa
15 Zentimeter langen Wurst mit einem
Durchmesser von 1 Zentimeter rollen und
um die Wiesenkerbelstöckchen wickeln. Die
Stockbrote auf ein eingeöltes Backblech
legen. Leicht anfeuchten und mit den Wiesenkerbelsamen bestreuen. Etwa 1 Stunde
im kalten Backofen gehen lassen. Dann das
Blech herausnehmen, den Backofen auf
240 Grad vorheizen und die Brote 10 Minuten hellbraun backen.
Die ofenfrischen Stockbrote jeweils mit einer
Wiesenkerbelblüte auf einer Stoffserviette
servieren.

Wiesenkerbel-Stockbrot

Kirschlorbeer

Prunus laurocerasus

Die Blätter des Kirschlorbeers eignen sich wegen ihres Bittermandelgeschmacks zum Aromatisieren von Suden, Saucen und Desserts. Vorsicht: Wegen des Blausäuregehalts maximal 2 Blätter pro Liter Flüssigkeit verwenden! Kirschlorbeer ist in Frankreich eine beliebte Zutat bei der Herstellung von Aperitifgetränken und Likören.

Kerbelsuppe mit Sauerampfer

5 Schalotten, gewürfelt
50 g Butter
¼ l Weißwein
½ l Kräuterfond (siehe Grundrezepte)
50 g Sauerampfer, geschnitten
50 g Wiesenkerbel, geschnitten
½ l Sahne
8 Eigelb
25 g Wiesenkerbel, gehackt
Meersalz

Wiesenkerbelspitzen

Die Schalotten in der Butter glasig dünsten. Mit Weißwein und Kräuterfond ablöschen und einkochen. Den Sauerampfer und den Wiesenkerbel dazugeben und 10 Minuten mitkochen. Pürieren.
Die Sahne mit den Eigelben glattrühren. In die Suppe geben und diese unter ständigem Rühren eindicken lassen. Den gehackten Wiesenkerbel dazugeben und abschmecken. Die Suppe in Suppenteller verteilen und mit den gezupften Kerbelspitzen garnieren.

Teurgoule mit Kirschlorbeer

80 g Rundkornreis
1 EL Butter
100 g Zucker
1 TL Pappelknospen, gehackt (ersatzweise 1 TL Zimtpulver)
1 Prise Meersalz
2 Kirschlorbeerblätter
1 l Milch (3,5 % Fett)

In einer feuerfesten Form (Römertopf) den Reis mit Butter, Zucker, Pappelknospen, Salz und Kirschlorbeerblättern mischen. Die Milch aufkochen, in die Form gießen und gut verrühren. Im Backofen zuerst bei 200 Grad 30 Minuten backen, dann bei 90 Grad weitere 4 Stunden sanft weitergaren. Im Backofen etwas abkühlen lassen. In Schalen anrichten und noch lauwarm servieren.

Hinweise:
Diese normannische Dessertspeise (auch Terrine de Flerville genannt) wurde früher zu Festtagen zubereitet. Die traditionelle Teurgoule ist eine feuerfeste Tonschüssel, die nach unten konisch zuläuft.
Durch die lange Garzeit zersetzt sich der Rundreis zu einer Masse von wunderbar cremiger Konsistenz, und auf der Oberfläche bildet sich eine karamellisierte, knusprige Haut. Lecker!

~~

Wildschweinfilet mit Rheinrhabarber

600 g Wildschweinfilet, küchenfertig pariert
1 Schalotte, fein gewürfelt
1 Tomate, klein gewürfelt
1 Knoblauchzehe, gehackt
50 ml Olivenöl
¼ l Rotwein
½ l Wildfond
1 Lorbeerblatt
1 Zweig Weinraute
Meersalz, Pfeffer aus der Mühle
45 g Butter, Olivenöl

400 g Japanischer Knöterich, in gleich große
Stücke von etwa 6 cm geschnitten, geschält
und halbiert
2 EL Zucker
2 EL Butter und 1 EL Olivenöl

Sauce:
4 EL Weinessig
1 EL Honig
1 TL Maisstärke
1 Zweig Weinraute, gezupft

Für das Wildschweinfilet Schalotte, Tomate
und Knoblauch im Olivenöl andünsten.
Mit dem Rotwein ablöschen, Wildfond,
Lorbeerblatt und Weinraute dazugeben und
aufkochen. Den Topf vom Herd nehmen.
Das Wildschweinfilet hineinlegen, 4 Minuten
ziehen lassen und herausnehmen.
Die Knöterichstücke mit Zucker bestreut
etwa 1 Stunde ziehen lassen.

Für die Sauce den Saft vom eingelegten
Knöterich abtropfen lassen und in einem
Topf karamellisieren. Mit dem Weinessig
ablöschen, den Honig dazugeben und den
Garsud vom Wildschweinfilet durch ein Sieb
dazugießen. Alles auf etwa 200 Milliliter
einkochen. Die Maisstärke mit etwas kaltem
Wasser anrühren und die Sauce damit binden. Die Weinraute in die Sauce geben,
5 Minuten ziehen lassen und durchpassieren.
Kurz vor dem Servieren den Japanischen
Knöterich in der Butter-Olivenöl-Mischung
auf einer Seite bissfest braten. Die Konsistenz sollte ähnlich wie bei Spargel sein.
Das Wildschweinfilet in Butter und Olivenöl
etwa 5 Minuten rundherum anbraten. 5 Minuten ruhen lassen, dann in gleich große
Portionen schneiden und mit Salz und Pfeffer würzen. Mit dem Japanischen Knöterich
und der Sauce anrichten.

Tipps:
Statt des Wildschweinfilets kann man zum
Beispiel auch Schweinefilet oder Schweine-
rücken verwenden.
Als Ersatz für den Japanischen Knöterich
eignet sich Rhabarber.

Knöterich, Japanischer
Reynoutria japonica

*Wegen seines typischen säuerlichen
Geschmacks und seiner botanischen
Verwandtschaft nenne ich den
Japanischen Knöterich »Rhein-
Rhabarber«. Seine unendlichen
Zubereitungsmöglichkeiten —
vom Chutney bis zum Dessert, von
der würzigen Gemüsebeilage bis
zum fruchtig-süßen Kuchen —
machen ihn zu einer meiner Lieb-
lingspflanzen. Die hohlen Stiele
eignen sich auch als ausgefallenes
Accessoire zum Anrichten.*

Lachsrollmops mit eingelegtem Japanischem Knöterich

Rösti:
200 g Kartoffeln, geschält
1 TL Meersalz
1 Prise geriebene Muskatnuss
Olivenöl

Sauce:
90 g »Rheinkapern« samt Essig (Rezept rechts)
120 g Backpflaumen
Meersalz, Pfeffer aus der Mühle

Lachsrollmops:
12 kleine Scheiben frischer Lachs à 20 g
Meersalz, Pfeffer aus der Mühle
12 »Rheinkapern« (Rezept rechts)
12 getrocknete Kräuterstengel (ersatzweise Holzspießchen)

12 Spitzen Japanischer Knöterich

Für die Rösti die geschälten Kartoffeln raspeln, abwaschen und ausdrücken. Mit Meersalz und Muskat würzen. In heißem Öl kleine Rösti von 5 Zentimeter Durchmesser etwa 8 Minuten goldbraun backen. Auf Küchenpapier abtropfen lassen.
Für die Sauce die »Rheinkapern« mit Essig und Backpflaumen etwa 5 Minuten kochen. Pürieren, durch ein Haarsieb streichen und abschmecken.
Die Lachsscheiben mit Salz und Pfeffer würzen, die Rheinkapern darauflegen, einrollen und mit den Kräuterstengeln oder Holzspießchen feststecken.
Mit der Sauce eine Linie auf die Teller ziehen. Die Rösti mit jeweils einem »Lachsrollmops« darauf anrichten. Mit den Spitzen des Japanischen Knöterichs garnieren.

Rheinkapern
Japanischer Knöterich in Kräuteressig

500 g Japanische-Knöterich-Sprossen, 5 cm lang, gewaschen
4 EL Meersalz
200 ml Weißwein
200 ml Weißweinessig
2 Nelken
1 TL Senfkörner
1 TL weiße Pfefferkörner
1 Lorbeerblatt

Die Knöterichsprossen mit dem Salz mischen und zugedeckt im Kühlschrank 1 Woche ziehen lassen. Nach 2 Tagen wenden. Nach 1 Woche den schleimigen Saft von den Knöterichsprossen abspülen und diese in ein verschließbares Glas geben.
Wein und Essig mit allen Gewürzen aufkochen. Abkühlen lassen. Über die Knöterichsprossen gießen und 1 Monat ziehen lassen. Hält sich mehrere Monate.

Tipp:
Schmeckt wie Kapern und eignet sich als Snack, ebenso wie für Saucen und Salate.

Lachsrollmops mit eingelegtem
Japanischem Knöterich

Ananas mit Knöterich

200 g junge, zarte Knöterichblätter
1 Zwiebel, klein gewürfelt
4 EL Sonnenblumenöl
100 g Ananas, gewürfelt
100 g rote Paprika, gewürfelt
1 Chili, klein geschnitten
1 EL Honig
1 Prise Meersalz
1 TL Currypulver

Die Knöterichblätter in kochendem Salzwasser etwa 2 Minuten blanchieren. Abtropfen lassen.
Die Zwiebelwürfel in Sonnenblumenöl glasig dünsten, alle anderen Zutaten dazugeben und würzen. Etwa 15 Minuten köcheln lassen und abschmecken.

Tipp:
Eignet sich gut als Beilage zu Fisch und Geflügel.

Japanischer Knöterich auf indische Art

Für 10 Personen

1 kg Japanischer Knöterich, in 1 cm dicke Scheiben geschnitten
4 EL Meersalz

1 TL Currypulver
1 TL Kurkuma
1 Prise Chilipulver
1 EL Paprikapulver
1 EL Bockshornklee
1 EL Senfkörner
2 EL Koriandersamen
5 Nelken
5 schwarze Kardamomkapseln, zerdrückt
1 TL Kümmel
1 EL Salz
100 ml Olivenöl

Den Knöterich mit dem Salz und mit Wasser bedeckt 1 Woche zugedeckt im Kühlschrank ziehen lassen. Dadurch wird er zarter und gibt seinen schleimigen Saft ab; gleichzeitig würzt und konserviert das Salz. Den Knöterich gründlich abspülen und 1 Tag trocknen lassen. Mit allen weiteren Zutaten mischen und etwa 4 Wochen fest verschlossen im Kühlschrank ziehen lassen.

Tipp:
Eignet sich beispielsweise zu Salaten, zu Gegrilltem, als Beilage zum Fondue sowie für asiatische Gerichte.

~~+

Rote Oliven
Eingelegte Kornelkirschen

Salzlake:
½ l Wasser
150 g Meersalz

300 g Kornelkirschen

Gewürzöl:
150 ml Olivenöl
1 Zweig frischer Oregano
1 Lorbeerblatt
1 Salbeiblatt
1 Chilischote, ganz
1 Knoblauchzehe

Für die Salzlake das Wasser mit dem Meersalz aufkochen. Abkühlen lassen.
Die Kornelkirschen in ein Gefäß geben, mit der Salzlake übergießen, mit einem Teller beschweren und 1 Woche im Kühlschrank ziehen lassen. Falls Sie sie nicht so salzig mögen, legen Sie die Kornelkirschen vor der Verwendung 1–2 Tage in Wasser ein.
Die Kornelkirschen in ein Sieb gießen, gut abtropfen und einen Tag auf Küchenpapier trocknen lassen.
Für den Gewürzsud das Olivenöl mit den Würzzutaten aufkochen und dann abkühlen lassen.
Die abgetropften Kornelkirschen in ein verschließbares Glas geben und mit dem Gewürzsud übergießen. Sie halten sich im Kühlschrank einige Wochen.

Tipps:
Die eingelegten Kornelkirschen passen gut als Beilage zu kaltem Fleisch.
Sie lassen sich auch hervorragend zu einer Tapenade verarbeiten (Rezept rechts).

Rote-Oliven-Tapenade

100 g Akazienblüten
10 Knoblauchzehen
¼ l Olivenöl
100 g Sardellenfilets
500 g Kornelkirschen, entsteint und eingelegt (siehe links)
100 g Thunfisch in Öl
Saft von 1 Zitrone
1 Prise Chilipulver

Die Akazienblüten mit dem Knoblauch im Olivenöl dünsten. Abkühlen lassen. Dann Sardellenfilets, Kornelkirschen, Thunfisch und Zitronensaft dazugeben und alles mit dem Mixstab sämig pürieren. Mit Chilipulver abschmecken. Kühl aufbewahren.
Die Tapenade hält sich im Kühlschrank mehrere Wochen.

Tipp:
Eignet sich gut als Dip für Rohkost (zum Beispiel Blumenkohl, Karotten, Sellerie, Fenchel), als Fonduesauce und zu Gegrilltem.

Kornelkirsche
Cornus mas

Wegen ihrer Form, Farbe und einer ihrer besten Verwendungen bezeichne ich die Frucht auch als »Rote Olive«. Wie diese können die nicht allzu reif geernteten Kornelkirschen eingelegt werden. Traditionell werden die Früchte zur Konfitürenherstellung verwendet. Entsteint lassen sie sich gut trocknen.

+~+

Wiesenlabkraut
Galium molugo

Das dekorative Kraut ist eine feine Salatzugabe. Früher wurde das Labkraut zur Milchgerinnung bei der Käseherstellung verwendet.

Weinrebenblätter mit Schafskäse und Labkraut

12 zarte Weinrebenblätter, gewaschen, entstielt
4 EL Meersalz
½ l Wasser

200 g Schafskäse, in daumengroße Stücke geschnitten
25 g Labkraut, klein gehackt
4 EL Olivenöl
Pfeffer aus der Mühle

Zum Anrichten:
100 g Oliven
1 scharfe Peperoni (Chilischote)
1 Handvoll Labkrautspitzen
1 Handvoll Labkrautblüten
1 Fladenbrot

Zum Einlegen der Weinrebenblätter das Meersalz im Wasser auflösen. Über die Blätter gießen und diese mit einem Teller beschweren. So lassen sich die Blätter mehrere Wochen konservieren. Vor dem weiteren Gebrauch gut abwaschen, 1 Minute in kochendem Wasser garen, in kaltem Wasser abschrecken und abtropfen lassen.
Den Schafskäse mit Labkraut, Olivenöl und Pfeffer mischen.
Die Weinrebenblätter mit der Unterseite nach oben auf ein Brett legen. Den Schafskäse auf das untere Ende legen (am Stielansatz), einmal aufrollen, die Seiten nach innen falten und fertig aufrollen.
Mit Oliven, Peperoni, Labkrautspitzen und -blüten anrichten. Warmes Fladenbrot dazu reichen.

Entenbrust mit Labkraut

600 g Entenbrust
Meersalz, schwarzer Pfeffer aus der Mühle
4 Handvoll Wiesenlabkraut, zarte Triebe
etwas Schmalz
2 EL Zucker
4 EL Weinessig
¼ ml Geflügelfond

Zum Anrichten:
1 Handvoll Wiesenlabkraut, zarte Triebe und Blüten
Fleur de Sel

Die Entenbrust auf der Hautseite einritzen und mit Salz und Pfeffer würzen. In einer heißen Pfanne auf der Hautseite etwa 8 Minuten knusprig braten, dabei läuft das Entenfett aus und brät das Fleisch. Danach wenden und weitere rund 3 Minuten auf der Fleischseite anbraten. Zugedeckt etwa 15 Minuten ruhen lassen. Dadurch verteilt sich der Fleischsaft und das Fleisch wird gleichmäßig rosa.
Das Labkraut in etwas Entenschmalz kurz andünsten und mit Salz würzen.
Für die Sauce den Zucker goldgelb karamellisieren, mit Essig und Fond ablöschen und sirupartig zu einer kräftigen Sauce einkochen. Abschmecken.
Zum Anrichten das Fleisch in 3–4 Millimeter dünne Scheiben schneiden und fächerartig auf dem gedünsteten Labkraut anrichten.
Mit der Sauce umranden und mit den Labkrauttrieben und -blüten garnieren. Mit etwas Fleur de Sel bestreuen.

꙰

Kartoffelpfannkuchen mit Wildzwiebeln

150 g Zwiebeln, klein gehackt
50 g Butter
100 ml Sonnenblumenöl
500 g Kartoffeln, gekocht, püriert
5 Eier
240 g Weizenmehl
1 Messerspitze Backpulver
2 TL Meersalz
1 Prise geriebene Muskatnuss
25 g Wildzwiebelperlen (Rezept rechts)
100 ml Milch

Die Zwiebeln in Butter und Öl andünsten. Abkühlen lassen und mit allen anderen Zutaten verrühren.
In einer Pfanne aus dem Teig Pfannkuchen von etwa 5 Zentimeter Durchmesser formen und 4 Minuten goldgelb backen.

Tipp:
Dazu schmeckt sehr gut Schnittlauchquark. Diesen Kartoffelteig kann man auch im Waffeleisen backen.

Wildzwiebelperlen

1 Tomate, gehäutet, entkernt, klein gewürfelt
1 TL Meersalz
40 g Brutzwiebelchen des Weinberg-schnittlauchs
80 ml Olivenöl
50 ml Weinessig
1 EL Honig
1 TL Korianderpulver
1 EL Tomatenmark
1 Prise Chilipulver

Die Tomatenwürfel salzen und über Nacht stehen lassen. Den Tomatensaft abgießen und in einem Topf sirupartig einkochen.
In der Zwischenzeit die Brutzwiebelchen im Olivenöl etwa 3 Minuten dünsten und dann mit allen Zutaten verrühren. Im Kühlschrank halten sie sich mehrere Wochen.

Tipp:
Eignet sich gut zu Austern, Lauch, Gegrilltem, als Beilage zum Fondue und als Belag auf Crostini.

Weinbergschnittlauch, Weinberglauch
Allium vineale,
A. polyanthum

Der Weinbergschnittlauch hat runde, hohle, leicht gerillte Halme und wird viel länger als unser gewöhnlicher Gartenschnittlauch. Statt Blüten bildet er kleine Brut-zwiebelchen aus, die ich gerne als »Wildzwiebelperlen« einlege. Der Weinberglauch erinnert mit seinen flachen Blättern an einen Minilauch. Der Geschmack jedoch ist viel eleganter als der des Gar-tenlauchs. Eine damit zubereitete Kartoffel-Lauch-Suppe ist ein unvergessliches Geschmacks-erlebnis!

Leimkraut
Silene vulgaris

Dieses sehr würzige, leicht süßliche und dekorative Kraut eignet sich für Salate und aufgrund seines an Zuckererbsen erinnernden Geschmacks auch gut als Ergänzung zu Erbsengerichten, zum Beispiel zu einem Erbsenpüree. Ich verwende das Kraut auch gerne zum Verfeinern von Tauben- und Entengerichten.

Wildkräutersalat nach Großmutterart

1 Handvoll Kräuter (z.B. Vogelmiere, Schafgarbe, Taubnessel, Hornveilchen, Wiesensalbei, Sauerampfer)
1 Handvoll kleine Eichblattsalatblätter
1 Handvoll Leimkraut
1 Handvoll kleine Löwenzahnblätter

Kirschtomaten:
12 Kirschtomaten
1 Zweig Feldthymian
3 Knoblauchzehen
Meersalz
120 ml Olivenöl

Garnitur:
80 g Baguette vom Vortag
12 Scheiben geräucherter Wildschweinebauch

Pochierte Eier:
1 l Wasser
2 EL Essig
4 Eier, legefrisch
Meersalz

Verjus-Vinaigrette (siehe Grundrezepte)

Für den Salat die Kräuter und Salate putzen, gründlich waschen und trockenschleudern. Die Kirschtomaten mit dem Feldthymian, den zerdrückten Knoblauchzehen und Meersalz im Olivenöl zugedeckt 3 Minuten garen. Abkühlen lassen. (Verbleibendes Öl kann für die Vinaigrette verwendet werden.)

Das Baguette in 20 hauchdünne Scheiben schneiden und auf ein Backblech legen. Mit dem Marinieröl der Tomaten bestreichen. Die Schweinebauchscheiben ebenfalls auf das Backblech legen. Im Backofen bei 180 Grad 8–12 Minuten knusprig backen.

Für die pochierten Eier das Wasser mit dem Essig in einem hohen Topf aufkochen. Die Eier nacheinander aufschlagen, über dem kochenden Wasser öffnen und vorsichtig in das Wasser gleiten lassen. 3 Minuten garen, dabei darf das Wasser nicht mehr kochen, denn das Eigelb sollte noch flüssig bleiben. Die Eier aus dem Wasser heben und auf Küchenpapier abtropfen lassen.

Vor dem Servieren den Salat mit der Vinaigrette anmachen. Auf die Teller verteilen und jeweils 5 Baguettescheiben und 3 noch warme Scheiben Schweinebauch dazulegen. Mit den Kirschtomaten garnieren. Das warme pochierte Ei mit Meersalz würzen und dazulegen.

~

Lindenblüten-Grieß-Biskuit

400 ml Vollmilch
25 g Lindenblüten
100 g Weizengrieß
100 g Butter
50 g Lindenblütenhonig
8 Eigelb
50 g Zucker
8 Eiweiß
20 g Butter
16 zarte Lindenblätter

Die Milch mit den Lindenblüten aufkochen. Pürieren und durch ein Sieb passieren. Den Grieß beifügen und aufkochen. Die Butter dazugeben und den Grieß zugedeckt 30 Minuten aufquellen lassen. Honig, Eigelbe und Zucker darunterrühren. Zuletzt die Eiweiße zu Schnee schlagen und unter den Grieß heben.
Eine Kastenform buttern. Mit den Lindenblättern schuppenartig überlappend auskleiden. Die Grießcreme einfüllen. Im Backofen bei 100 Grad 45 Minuten fest werden lassen. Herausnehmen und abkühlen lassen. In Scheiben schneiden und mit Rhabarberkompott und Walderdbeersauce servieren.

Lindenblütensuppe mit Lachsrose

Suppe:
150 g getrocknete gelbe Erbsen
1 Karotte, geschält, grob geschnitten
1 Zwiebel, grob geschnitten
1 Sellerieknolle, geschält, grob geschnitten
2 EL Sonnenblumenöl
½ l Wasser
½ l Milch
1 EL Honig
Meersalz
1 Handvoll Lindenblüten
50 g Butter in Stückchen
8 Scheiben Räucherlachs

Zum Garnieren:
4 EL Backerbsen
12 Lindenblüten
Frittieröl
Meersalz

Für die Suppe die Erbsen über Nacht in reichlich kaltem Wasser einweichen. Abschütten und abtropfen lassen.
In einem Suppentopf Karotte, Zwiebel und Sellerie im heißen Sonnenblumenöl glasig dünsten. Die Erbsen und das Wasser dazugeben und 30 Minuten weich kochen. Dann die Milch, Honig, Salz und Lindenblüten dazugeben, aufkochen, fein pürieren und durch ein Sieb streichen. Die Butterstückchen darunterrühren und abschmecken.
Jeweils zwei Scheiben Räucherlachs der Länge nach halbieren. Die Streifen leicht übereinanderlegen und locker zu einer Rosette rollen. Vor dem Servieren im Backofen bei 50 Grad erwärmen, so dass sie saftig und zart bleiben.
Für die Garnitur im heißen Frittieröl zuerst die Backerbsen, dann die Lindenblüten frittieren. Auf Küchenpapier abtropfen lassen. Mit Salz würzen.
Die Suppe in vorgewärmte Teller verteilen, in die Mitte jeweils eine Lachsrosette setzen. Die Backerbsen und die Lindenblüten darüberstreuen.

Linde
Tilia spp.

In die im Frühjahr geernteten seidigen, zarten Blätter kann man sehr gut beliebige Füllungen wickeln und diese darin garen, zum Beispiel Reis mit Pinienkernen — ein kleiner, delikater Snack. Im Sommer sind die Blüten eine aromatische Grundlage für Desserts, Saucen oder Eis.

꘠꘡

Löwenzahn
Taraxacum officinale

Die jungen, zarten Blätter sind sehr beliebt als Salat. Doch in meiner Küche finden fast alle Teile von diesem »Multitalent«, Wurzeln, Knospen, Blätter und Blüten, von herzhaft bis süß Verwendung. Die Pflanze ist neben ihren kulinarischen Tugenden auch ein gutes Tonikum mit heilender Wirkung für Herz und Nieren.

Seeteufel mit Löwenzahncreme und -chips

Löwenzahncreme:
250 g Löwenzahnblätter
1 Prise Speisenatron
1 TL Zucker, Meersalz
50 g Butter

Löwenzahnchips:
12 große Löwenzahnblätter
4 EL Öl
Meersalz

1 Seeteufel mit Gräte, etwa 1,2 kg, küchenfertig
Meersalz, Pfeffer aus der Mühle
2 Knoblauchzehen, ungeschält
1 Zweig Rosmarin
50 ml Olivenöl

Garnitur:
Löwenzahnkaramell aus 100 g Zucker,
1 EL Weinessig und Löwenzahnkochwasser
4 TL Löwenzahnblüten-Chutney (Rezept Seite 75)

Für die Löwenzahncreme die Löwenzahnblätter in kochendem Wasser mit dem Natron etwa 5 Minuten weichgaren. Herausnehmen und abtropfen lassen, dann fein pürieren (das Kochwasser für die Chips und den Karamell beiseite stellen). Das Löwenzahnpüree in einem weiten Topf unter ständigem Rühren zu einer festen Paste kochen. Mit Zucker und Meersalz abschmecken und die Butter in Stückchen darunterrühren.

Für die Chips die Löwenzahnblätter auf eine Länge von 15 Zentimeter zurückschneiden. Im Natronkochwasser 1 Minute kochen, dann abgießen, in kaltem Wasser abschrecken und abtropfen lassen. Das Öl mit Salz mischen und die Blätter damit bestreichen. Auf ein mit Backpapier ausgelegtes Blech legen und im Backofen bei 80 Grad etwa 90 Minuten knusprig trocknen.

Den Seeteufel würzen, in einem Bräter mit Knoblauch und Rosmarin im Olivenöl etwa 5 Minuten von allen Seiten anbraten. Anschließend im Backofen bei 180 Grad 15 Minuten auf den Punkt garen (das Fleisch sollte noch saftig sein). Herausnehmen und 15 Minuten ruhen lassen.

Für den Karamell den Zucker in einem weiten Topf goldgelb karamellisieren und mit dem Essig und etwas Löwenzahnkochwasser ablöschen. Dickflüssig einkochen.

Auf die Teller jeweils einen Klecks Löwenzahncreme geben, mit Chutney und Karamell umranden. Die Seeteufelscheiben daraufgeben und mit Löwenzahnchips garnieren.

Hinweis:

Natron ist in der Apotheke und in Drogerien, gelegentlich auch unter der Bezeichnung »Baking soda« erhältlich. Durch das Natron bleiben die Löwenzahnblätter schön grün und die Kochzeit wird verkürzt. Natron unterstützt auch die Verdauung und wird deshalb vor allem bei der Zubereitung von Kohlgerichten eingesetzt.

Löwenzahnblüten-Chutney

500 g Löwenzahnblüten, blanchiert,
davon 250 g ganz belassen, 250 g gehackt
200 g Japanischer Knöterich
200 g Birnen
200 g Backpflaumen
2 rote Paprika
250 g Zwiebeln
200 g Rosinen
100 g Ingwer
20 g Korianderkörner
150 ml Weinessig
1 TL Salz
1 Prise Cayennepfeffer
300 g Zucker
200 ml Apfelsaft, mit 1 TL Speisestärke
angedickt
1 EL Salz

Gemüse und Früchte in sehr kleine Würfel schneiden. Sämtliche Zutaten mischen und 2 Tage ziehen lassen, dabei gelegentlich umrühren. In einem weiten Topf unter ständigem Rühren etwa 25 Minuten dickflüssig kochen.
Das Chutney hält sich im Kühlschrank mehrere Wochen.

Tipp:
Passt gut zu Käse, asiatischen Gerichten und zum Füllen von Chicoréeblättern.

Löwenzahnblüten-Aperitif

Für 25 Personen

900 g Löwenzahnblüten
4 l Wasser
500 g Rosinen
500 g Kristallzucker
4 unbehandelte Zitronen, in Scheiben
geschnitten
4 unbehandelte Orangen, in Scheiben
geschnitten
1 kg Rohrzucker

Die Löwenzahnblüten mit kochendem Wasser übergießen und, mit einen Teller beschwert, 3 Tage ziehen lassen. Das so aromatisierte Wasser durch ein Sieb gießen, die Rosinen und den Kristallzucker dazugeben und wiederum 1 Woche ziehen lassen. Dann die Zitronen- und Orangenscheiben mit dem Rohrzucker beifügen, umrühren und weitere drei Wochen ziehen lassen, dabei alle zwei Tage umrühren.
Die Flüssigkeit durch ein Sieb in ein verschließbares Gefäß abgießen. Mindestens 2 Wochen stehen lassen, damit sich die Trübstoffe absetzen. Dann vorsichtig in Flaschen abfüllen. Kühl und dunkel lagern. Dieser Aperitif schmeckt am besten nach ein paar Monaten Lagerung. Gut gekühlt servieren.

Hinweis:
Schmeckt wegen der Bitterstoffe ähnlich wie Campari.

✢

Mädesüß
Filipendula ulmaria

Die Blüten lassen sich portions-weise verpackt gut einfrieren, ohne an Geschmack zu verlieren. Die duftenden Blüten mit ihrem feinen Mandelaroma finden in Dessert-cremes und ausgefallenen Saucen Verwendung.
Bei den Kelten war Mädesüß eine der drei heiligen Kultpflanzen. Der Name hat nichts mit Mädchen zu tun, sondern ist vom altdeut-schen Met abgeleitet (met = süß), dem die Pflanze beigemischt wurde.

Zander mit Bärenklau und Mädesüß

Bärenklauöl:
25 g grüne Bärenklausamen
50 ml Sonnenblumenöl
Meersalz

Mädesüßsauce:
100 ml Orangensaft
¼ l Fischfond
1 Handvoll Mädesüßblüten
50 g Butter
Meersalz

4 Zanderfilets à 150 g, mit Haut
Meersalz, Pfeffer aus der Mühle
1 EL Mehl
2 EL Olivenöl
1 EL Butter
5 g Mädesüßblüten

2 Fenchelknollen, längs in dünne Scheiben gehobelt
50 g Butter
Meersalz, Zucker
etwas gehacktes Fenchelkraut

Garnitur:
1 rosa Grapefruit, filetiert
4 Mädesüßblüten
4 Fenchelblüten
Meersalz
12 grüne Bärenklausamen

Für das Bärenklauöl alle Zutaten fein pürie-ren.
Für die Sauce Orangensaft und Fischfond auf 100 Milliliter einkochen. Das Mädesüß dazu-geben und etwa 5 Minuten darin ziehen las-sen. Die Sauce durch ein Sieb passieren, mit der Butter aufschlagen und würzen.

Die Haut der Zanderfilets leicht einritzen. Die Filets würzen, auf der Hautseite leicht bemehlen und im heißen Olivenöl nur auf der Hautseite etwa 4 Minuten braten. Die Butter und die Mädesüßblüten dazuge-ben und 3 Minuten ziehen lassen. Während des Bratens die Filets immer wieder mit der Bratbutter und dem Öl aus der Pfanne beträufeln.
Inzwischen den Fenchel in der heißen Butter knackig dünsten. Würzen und das Fenchel-kraut dazugeben.
Mit der Mädesüßsauce auf den Tellern jeweils einen Bogen ziehen. Die Grapefruitfilets und den Fenchel darauf anrichten. Den Zander mit der Hautseite nach oben darauflegen und mit Meersalz bestreuen. Mit dem Bärenklau-öl, den Blüten und Bärenklausamen gar-nieren und mit einigen Körnern Meersalz bestreuen.

Zander mit Bärenklau und Mädesüß

Baskischer Kuchen mit Mädesüß

Für 6 Personen

Kuchenteig:
300 g Butter
450 g Zucker
1 Ei
4 Eigelb
650 g Weizenmehl
100 g Mandelgrieß
8 g Backpulver
2,5 cl Rum

Mädesüßcreme:
1 Eigelb
25 g Zucker
15 g Mehl
125 ml Milch
½ Vanilleschote, ausgekratztes Mark
1 Handvoll Mädesüßblüten

125 g schwarze Kirschkonfitüre

Für den Kuchenteig Butter und Zucker (beides sollte Raumtemperatur haben) schaumig schlagen. Das Ei und die Eigelbe dazugeben. Das Mehl und alle anderen Zutaten daruntermischen und etwa 5 Minuten kneten. 2 Stunden im Kühlschrank ruhen lassen.
Für die Mädesüßcreme das Eigelb mit dem Zucker cremig rühren. Das Mehl dazugeben. Die Milch mit Vanillemark und Mädesüß aufkochen und zur Eigelbmischung gießen. Bei mäßiger Hitze und unter ständigem Rühren kochen, bis sie andickt. In einer Schale mit Frischhaltefolie bedeckt abkühlen lassen.

Zwei Drittel des Teigs etwa 1 Zentimeter dick ausrollen und damit eine Tarteform auslegen. Die Mädesüßcreme etwa 2 Zentimeter dick daraufstreichen. Darauf die Kirschkonfitüre verteilen, jedoch nicht bis zum Rand, da sie sonst beim Backen ausläuft. Den übrigen Teig etwa ½ Zentimeter dick ausrollen und den Kuchen damit bedecken, den Rand sauber abschneiden. Aus den Teigresten ein vierblättriges Kleeblatt schneiden und auf den Teigdeckel legen. Den Kuchen im Backofen bei 180 Grad 20–30 Minuten goldgelb backen.

Baskischer Kuchen mit Mädesüß

Malve

Malva spp.

*Die dekorativen und wohlschme-
ckenden Malvenblüten eignen sich
gut zum Garnieren von Speisen
und zum Füllen. Aus den Blättern
lassen sich Salate oder Gemüse
zubereiten. Die Früchte schmecken
wie junge Haselnüsse. Ich lege
sie wie meine »Rheinkapern« ein
(Rezept Seite 66). Die getrockneten Wurzeln lassen sich zerkleinert in Sahne auskochen oder
in Zuckersirup verarbeiten. Alle
Malvensorten, wie Stockrose
und Eibisch, sind für die Verwendung in der Küche interessant.*

Mädesüßsauce mit Mandeln

¼ l Milch
5 g Mädesüßblüten
3 EL Zucker
3 Eigelb
50 g gemahlene Mandeln
1 EL Rohrzucker
5 EL Sahne

Die Milch mit dem Mädesüß aufkochen
und 5 Minuten ziehen lassen. Durch ein
Sieb passieren.
Den Zucker mit den Eigelben verrühren.
Die heiße Milch dazugießen.
Die gemahlenen Mandeln in einer Pfanne
ohne Fett leicht rösten und mit dem Rohrzucker zur Milchmischung geben. Auf
dem Herd unter dem Siedepunkt (bei etwa
80 Grad – es darf nicht kochen!) cremig
andicken lassen. Zuletzt die Sahne darunterrühren und abkühlen lassen.

Tipp:
Passt hervorragend zum Erdbeersüppchen
mit Mohnbrioche (Rezepte Seite 37 und 84),
zu Desserts, Gebackenem und zu Früchtekompotts.

Sommerblüten-Tempura

Tempurateig (siehe Grundrezepte Seite 156)

12 Springkrautblüten
4 Nachtkerzenblüten
12 Wegwartenblüten
4 Blüten der Wilden Möhre
4 Malvenblüten

1 l Öl zum Ausbacken
feines Meersalz

Die Blüten von den Stielen befreien.
Die Blüten einzeln durch den Tempurateig
ziehen, etwas abtropfen lassen und im
180 Grad heißen Öl ausbacken. Auf einem
Küchenpapier abtropfen lassen und mit
feinem Meersalz würzen.

Tipp:
Passt sehr gut zu Carpaccios von Fisch und
Fleisch jeder Art, wie zum Beispiel zum
Lammcarpaccio (Rezept Seite 96), oder auch
zu Tatar.

Zwetschgen-Ingwer-Kompott mit Mauerpfeffer

1 kg Zwetschgen, halbiert, entsteint
½ l Wasser
250 g Zucker
10 g Mauerpfeffer
100 g Ingwer, geschält, in Streifen
geschnitten

Für den Sirup die Zwetschgensteine knacken, damit sich die Aromen entfalten können.
Die Kerne mit Wasser, Zucker und dem Mauerpfeffer einmal aufkochen und dann zugedeckt abkühlen lassen. Durch ein Sieb passieren.
In den Sirup jeweils nur so viele Zwetschgen geben, dass sie vollständig vom Sirup bedeckt sind, Ingwerstreifen hinzufügen und 2 Minuten kochen lassen, dann die Zwetschgen herausheben. Nachdem alle Zwetschgen gegart sind, den Sirup dickflüssig einkochen und über die angerichteten Zwetschgen gießen.

Tipp:
Zum Konservieren in kleinere Gläser füllen und 20 Minuten bei 80 Grad sterilisieren.
Hält sich mehrere Wochen im Kühlschrank.

Gemüsesalat mit Meerrettich

50 g Meerrettich, geschält, gerieben
2 EL Sojasauce
2 EL Weißwein
2 EL Zitronensaft
2 EL Mineralwasser
1 EL Meersalz

2 Karotten, geschält
1 Salatgurke, geschält
2 türkische Paprika
2 Lauchzwiebeln

50 g Mandelstifte
1 Birne
Saft von 1 Zitrone

Den Meerrettich mit Sojasauce, Weißwein, Zitronensaft, Mineralwasser und Salz mischen und 1 Stunde ziehen lassen.
Inzwischen das Gemüse in Streifen schneiden und in Salzwasser knapp unter dem Siedepunkt etwa 7 Minuten bissfest garen.
Abtropfen lassen und kühl stellen.
Die Mandelstifte in einer Pfanne trocken rösten.
Die Birne in Streifen schneiden und mit dem Zitronensaft mischen.
Vor dem Servieren alle Zutaten miteinander mischen und anrichten. Mit den Mandelstiften bestreuen.

Schwarzer Mauerpfeffer
Sedum acre

Wegen seines pikant-scharfen Aromas nehme ich die Blüten gerne zum Marinieren von Fisch und Fleisch. Sie lassen sich auch in Zuckersirup oder zum Einlegen von grünen Walnüssen verwenden.

Meerrettich
Armoracia rusticana

Die Wurzel gut mit einer Bürste reinigen und dann raspeln. Meerrettich kann in asiatischen Gerichten anstelle von Wasabi verwendet werden. Zum Verfeinern von Suppen, Saucen und Salaten.

—✄—

Echte Bergminze
Calamintha nepeta

Das intensive, volle Minzaroma der Echten Bergminze stellt alle anderen Minzarten in den Schatten. Man verwendet die Blätter und die jungen Triebe. Ich verarbeite die Bergminze gerne in Eis sowie für Saucen etwa zu Lamm oder Hase, allgemein zu kräftigem Fleisch, da sie diesem eine besondere Note verleiht. Auch Sirup zum Einlegen von Aprikosen, Pfirsichen, Kirschen und Mirabellen gibt sie eine interessante Note.

Kaninchen mit Kräutermelange

Für 8 Personen

1 Kaninchen, küchenfertig
4 EL Olivenöl
Meersalz, Pfeffer aus der Mühle
1 Bund Thymian
4 EL scharfer Senf
2 Karotten, geschält, grob gewürfelt
1 Stück Sellerieknolle, geschält, grob gewürfelt
2 Zwiebeln, geviertelt
1 Knoblauchknolle, waagerecht halbiert
¼ l Weißwein

Kräutermelange:
1 Bund aus Minze, Dost und Bohnenkraut
1 Bund Giersch
1 Bund Wiesenkerbel
1 Lorbeerblatt
1 Zweig Thymian
1 Nelke
3 Knoblauchknollen, geschält und grob gehackt
50 g Butter
100 ml Weißwein
20 g grüne Bärenklausamen
100 ml Vollmilch
1 l Geflügelfond
5 EL Weinessig
Meersalz, Pfeffer aus der Mühle

1 Bund aus Petersilie, Minze, Liebstöckel und Lauchgrün

Das Kaninchen innen mit 2 Esslöffeln Olivenöl einreiben, mit Salz und Pfeffer würzen und das Bund Thymian hineinstecken. Das Fleisch außen mit Senf bestreichen, salzen und pfeffern. In einem großen Bräter in den restlichen 2 Esslöffeln Olivenöl Gemüse und Knoblauch scharf anbraten. Das Kaninchen hineinlegen und mit dem Weißwein ablöschen. Im Backofen bei 120 Grad zugedeckt 90 Minuten garen.

Für die Kräutermelange von allen Kräutern die Blätter abzupfen und grob hacken. Die Stiele mit Lorbeerblatt, Thymianzweig und Nelke zusammenbinden.
Den Knoblauch in der Butter glasig dünsten. Mit dem Weißwein ablöschen und 3 Minuten kochen lassen. Dann alle anderen Zutaten hinzufügen und langsam weiterköcheln lassen, bis die Flüssigkeit um die Hälfte reduziert ist. Danach das Stielbündel entfernen und die Kräutermischung grob pürieren. Mit Meersalz und Pfeffer abschmecken.
Das Kaninchen aus dem Bräter nehmen und den Bratenjus durch ein Sieb passieren. Das Kaninchen tranchieren und mit der Kräutermelange und dem Bratenjus servieren.

Tipps:
Dazu passt sehr gut Polenta mit Knoblauchrauke (Rezept Seite 100).
Die Kräutermelange schmeckt auch sehr gut zu Jakobsmuscheln, Garnelen oder Schnecken.
Größere Mengen Knoblauch lassen sich einfacher und schneller schälen, wenn man die Knoblauchknollen vorher 30 Minuten in lauwarmes Wasser legt.

~~

Mispelcreme mit Wachteleiern

Mispelcreme:
2 Eier, weich gekocht (5 Minuten)
2 EL Sojasauce
2 EL Mispelketchup (Rezept rechts)
2 EL Weinessig
Meersalz, weißer Pfeffer aus der Mühle
100 ml Sonnenblumenöl

Garnitur:
12 Wachteleier, gekocht und geschält
1 Bund Vogelmiere

Für die Creme die gekochten Eier mit der Schale halbieren und das Ei mit einem Teelöffel über einem Mixbecher herauskratzen. Alle Zutaten bis auf das Öl ebenfalls dazugeben und cremig pürieren. Das Öl nach und nach einrühren. Abschmecken.
Die Creme in 4 Schalen verteilen und die gekochten Wachteleier darauflegen. Die Vogelmiere zupfen und über die Creme verteilen.

Mispelketchup

600 g Mispeln
1 kg Tomaten
100 g Hagebutten
1 Zwiebel
5 Knoblauchzehen
200 g Zucker
¼ l Weinessig
1 Prise Chilipulver
1 EL Meersalz
1 TL geriebene Muskatnuss

Mispeln, Tomaten, Hagebutten, Zwiebel und Knoblauch in grobe Stücke schneiden. In einem Topf den Zucker mit 2 Esslöffeln Wasser hell karamellisieren, dann mit dem Essig ablöschen, alle anderen Zutaten dazugeben und musartig einkochen. Mit dem Pürierstab cremig aufmixen, durch ein Haarsieb streichen und abschmecken.

Tipp:
Das Mispelketchup kann als Grundlage für verschiedene Saucen verwendet sowie zu Fondues und zu gegrilltem Fleisch gereicht werden.

Mispel
Mespilus germanica

Wenn die Mispelfrüchte nach den ersten Frösten ihre Gerbsäure verlieren, teigig und süß werden, sind sie erntereif und können dann auch roh verzehrt werden. Mit Honig gesüßtes Mispelmus findet Verwendung in Desserts, verfeinert anstelle von Äpfeln gekochten Rotkohl und passt zu Wild. Mispeln lassen sich zu besonderen Edelbränden destillieren.

Mohn, Klatschmohn
Papaver rhoeas

Neben den äußerst dekorativen Blüten schätze ich im Sommer das feine Haselnussaroma der jungen, hellen Samen, die ich geröstet gerne zum Würzen von Desserts und Pesto verwende. Das zarte Kraut wird im Winter geerntet und ist eine delikate Salatzugabe. Die Blüten eignen sich ideal zum Einfärben von Speisen; ich bereite damit rote Bonbons zu.

Mohnbrioche mit Mohnsauce

Briocheteig:
250 g Mehl
100 ml Milch
2 Eier, legefrisch
30 g Baguetteteig (siehe Grundrezepte oder vom Bäcker)
2 EL Zucker
10 g Hefe
125 g Butter
1 TL Meersalz

Klatschmohnfüllung:
120 g Mohnkapseln, ausgekratzte Samen
30 g geriebene Mandeln
60 g Honig
30 g Butter, leicht angebräunt (Haselnussbutter)
2 Bund Mohnblüten, Blütenblätter abgezupft

1 Eigelb, mit 1 EL Wasser verklopft
1 EL Mohnsamen
12 getrocknete Mohnkapseln mit 6–8 cm Stiel

Mohnsauce:
¼ l Sahne
150 ml Vollmilch
1 Mädesüßblüte
3 EL Rohrzucker
2 Eigelb
2 EL Mohn, geröstet

Für den Briocheteig Mehl, Milch, Eier, Brotteig, Zucker und Hefe vermengen (alle Zutaten sollten Zimmertemperatur haben) und 10 Minuten kneten. Den Teig etwa 1 Stunde gehen lassen. Danach die Butter in den Briocheteig einarbeiten und etwa 1 Stunde kühl stellen.

Für die Füllung die Mohnsamen in einer Pfanne leicht rösten. Mit den geriebenen Mandeln, dem Honig und der haselnussfarben gebräunten Butter verrühren. 5 Minuten im Tiefkühlfach fest werden lassen. Aus der Masse walnussgroße Kügelchen formen. Ein Stück Frischhaltefolie von etwa 20 × 20 Zentimetern auslegen. Darauf die abgezupften Mohnblütenblätter rosettenförmig auslegen, eine Kugel Mohnfüllung daraufsetzen und mit Hilfe der Folie satt in die Blütenblätter einschlagen. Die Folie entfernen. Mit dem Rest der Mohnkugeln ebenso verfahren.

Den Briocheteig in walnussgroße Stücke teilen, ausrollen, die Mohnkügelchen darauflegen und in den Teig einwickeln. Mit der Nahtseite nach unten auf ein Backblech legen und mit dem verklopften Eigelb bestreichen. Mit Mohn bestreuen und in jede Brioche eine getrocknete Mohnkapsel stecken. Die Brioches etwa 1 Stunde im kalten Backofen auf das doppelte Volumen aufgehen lassen. Danach bei 180 Grad 10 Minuten backen.

Für die Mohnsauce Sahne und Milch mit der Mädesüßblüte aufkochen und 15 Minuten ziehen lassen. Zucker, Eigelbe und den gerösteten Mohn in einem Topf verrühren. Die Sahne-Milch-Mischung durch ein Sieb dazugießen und auf dem Herd unter dem Siedepunkt andicken lassen (es darf aber nicht kochen). Zum Servieren mit dem Pürierstab schaumig aufschlagen.

Mohnbrioche mit Mohnsauce

Mohnblütengelee und Mohnschaum

Für 8 Personen

Rotes Mohngelee:
10 g Mohnblüten
10 g rote Rosenblüten
¾ l Roséwein
5 Blatt Gelatine, kurz in kaltem Wasser
eingeweicht

Mohnschaum:
100 g Mohn, leicht geröstet
250 g Rosengelee (ersatzweise Quittengelee)
200 ml Sahne
100 ml Milch
2 Blatt Gelatine, eingeweicht

Mohnblütentempura:
Tempurateig (siehe Grundrezepte)
4 Mohnblüten
Öl zum Frittieren
Puderzucker zum Bestäuben

Garnitur:
4 Mohnblütenknospen

Für das Mohngelee die Hälfte der Mohn-
und Rosenblüten grob schneiden. Den Wein
erhitzen und die zerkleinerten Blüten zugedeckt 15 Minuten darin ziehen lassen. Die
abgetropfte Gelatine darin auflösen. Durch
ein Sieb passieren. Die restlichen Blüten
klein schneiden und in große Weingläser verteilen. Etwa zur Hälfte mit dem Weingelee
füllen und dieses im Kühlschrank 2 Stunden
fest werden lassen.

Für den Mohnschaum den gerösteten Mohn
mit Quittengelee, Sahne und Milch auf
kochen. Die abgetropfte Gelatine darunterrühren und alles durch ein Haarsieb streichen. In den Sahnebereiter (siehe Hinweis
Seite 42) füllen, die Patrone einsetzen und
zuschrauben. Die Flasche kräftig schütteln
und etwa 4 Stunden kühl stellen.
Den Tempurateig zubereiten. Die Mohnblüten in den Teig tauchen und im 200 Grad
heißen Öl 2–3 Minuten goldgelb ausbacken.
Auf Küchenpapier abtropfen lassen und mit
Puderzucker bestreuen.
Zum Servieren den Mohnschaum auf das
Mohngelee spritzen. Mit den ausgebackenen
Mohnblüten und Mohnblütenknospen gar-
nieren.

~~

Rote und grüne Karottensuppe mit Seezungenspieß

Für 8 Personen

Rote Karottensuppe:

750 g Karotten, geschält, klein geschnitten
1 Zwiebel, klein gewürfelt
1 Stange Lauch, weißer Teil, klein geschnitten
10 Knoblauchzehen, gehackt
30 g frischer Ingwer, geschält, klein geschnitten
2 Stangen Staudensellerie, klein geschnitten
90 g Butter
1 l Kräuterfond (siehe Grundrezepte)
100 ml Sahne
2 EL Honig
Meersalz, weißer Pfeffer aus der Mühle

Grüne Karottensuppe:

½ l Kräuterfond (siehe Grundrezepte)
200 g Wildkarottenblüten und -kraut
1 Stange Lauch, grüner Teil
30 g Rundkornreis
1 Knoblauchzehe
Meersalz, Muskatnuss

Seezungenspieß:

8 Seezungenfilets à 250 g
Meersalz
8 Karottenblüten mit ca. 15 cm Stiel, getrocknet
40 g Butter

Garnitur:

1 EL Kümmelöl (Nigella)
4 Wildkarottenblüten

Für die rote Karottensuppe Karotten, Zwiebel, Lauch, Knoblauch, Ingwer und Staudensellerie in der Butter etwa 15 Minuten weichdünsten, salzen, mit dem Kräuterfond aufgießen und etwa 15 Minuten köcheln lassen. Pürieren und durch ein Sieb streichen. Sahne, Honig, Meersalz und Pfeffer beifügen und abschmecken.

Für die grüne Karottensuppe den Kräuterfond aufkochen. Die Wildkarotten samt Blüten und Kraut und den Lauch 3 Minuten darin blanchieren, herausheben und in kaltem Wasser abschrecken. Den Reis mit dem Knoblauch 30 Minuten im Kräuterfond kochen. Anschließend mit den Wildkarotten und dem Lauch fein pürieren und durch ein Sieb streichen. Mit Salz und Muskatnuss würzen und abschmecken.

Die Seezungenfilets salzen und auf die Karottenblütenstiele spießen. In der Butter 3 Minuten von beiden Seiten leicht anbraten. Vorgewärmte Suppentassen zur Hälfte mit der roten Karottensuppe füllen. Darauf die grüne Suppe verteilen. Einen Seezungenspieß hineinstellen und die Suppe mit ein paar Tropfen Kümmelöl und einer Wildkarottenblüte garnieren.

Wilde Möhre
Daucus carota

Am liebsten verwende ich die nach der Blüte geernteten Samen der Wilden Möhre zum Würzen von Sirup, Saucen, Birnendesserts oder eingelegten Essigbirnen. Das zarte Kraut passt sehr gut auf Karottensuppe — ein interessantes grünoranges Farben- und Geschmacksspiel.

Nachtkerze
Oenothera biennis

*Die noch geschlossenen Blüten
bereite ich wie Okragemüse zu. Die
wohlriechenden, leuchtend gelben
Blüten, die sich erst gegen Abend
öffnen, verwende ich in Salaten.
Die zarten Blätter können als Salat
oder wie Spinatgemüse zubereitet
werden. Die Wurzeln der einjäh-
rigen Pflanze werden wie Schwarzwurzeln zu Gemüse verarbeitet.
Aus den reifen Samen wird das
hochwertige, heilkräftige Nacht-
kerzenöl gewonnen.*

Wolfsbarschtatar mit Nachtkerze

60 g Nachtkerzenblütenknospen
1 EL Weißweinessig
2 EL Olivenöl

Tatar:
200 g Wolfsbarschfilet (Loup de Mer)
1 Schalotte
1 kleine Karotte, geschält
4 Nachtkerzenblätter
etwas Fenchelkraut
2 EL Zitronensaft
3 EL Olivenöl
Meersalz, Pfeffer aus der Mühle
4 Nachtkerzenblüten

Grünkernsalat:
50 g Grünkern, eingeweicht
25 g Rundkornreis
1 EL Meerrettich, gerieben
1 EL Weißwein

Tomatenconfit:
300 g Tomaten, geviertelt
3 EL Rohrzucker
3 EL Butter

Die Blütenknospen in Salzwasser 1 Minute
blanchieren. In kaltem Wasser abschrecken
und abtropfen lassen. Dann mit Essig und
Olivenöl marinieren.
Für das Tatar den Fisch und das Gemüse
klein würfeln. In einer Schüssel mit Zitronensaft und Olivenöl verrühren und abschmecken. Vier gleich große Kugeln formen
und in die Nachtkerzenblüten füllen.

Für den Grünkernsalat Grünkern und Rundkornreis separat bissfest kochen. Abgießen,
abtropfen lassen und mit Meerrettich und
Weißwein mischen.
Für das Tomatenconfit die Tomaten mit
Zucker und Butter sämig einkochen. Durch
ein Sieb streichen und, falls das Confit zu
flüssig ist, noch etwas einkochen; die Masse
soll eine streichfähige Konsistenz haben.
Einige Tupfer Tomatenconfit auf dem Rand
der Teller verteilen. Den Grünkernsalat
in der Mitte anrichten, die gefüllte Nacht-
kerzenblüte daraufsetzen und mit den
marinierten Blütenknospen garnieren.

Tipp:
Dazu schmecken sehr gut Schwefelporlinge
mit Beifuß (Rezept Seite 19).

Wolfsbarschtatar mit Nachtkerze

Natternkopf
Echium vulgare

Die azurblauen Blüten werden getrocknet, gemahlen und zum Panieren von Fisch verwendet, der anschließend in heißem Öl gebraten wird. Da das Kraut geschmacklich dezent an Gurken und Borretsch erinnert, nenne ich die Pflanze auch »Weinbergborretsch«.

Pappel
Populus spp.

Die kleinen Pappelknospen haben einen intensiven, an Zimt und Nelken erinnernden Geschmack. Daher reichen schon geringe Mengen davon, um Mandelfüllungen, Likör, Orangen-, Karamell- und Apfelzubereitungen zu verfeinern. Es ist ein wärmendes Gewürz.

Kalte Weinbergborretsch-Joghurt-Suppe mit Kirschtomaten

40 g Weinbergborretsch (Natternkopf)
100 g Gurke
300 g Naturjoghurt
Meersalz, weißer Pfeffer aus der Mühle
1 Prise Currypulver

12 Kirschtomaten, Stielansatz entfernt, gehäutet
Meersalz
2 TL flüssiger Honig

Den Borretsch mit Gurke und Joghurt fein pürieren. Mit Salz, Pfeffer und Curry würzen.
Die Suppe in Suppenteller oder -schalen verteilen. Die Kirschtomaten in die Mitte setzen und mit etwas Meersalz bestreuen. Mit dem flüssigen Honig einen Kreis um die Tomate ziehen.

Tipp:
Übriggebliebenen Weinbergborretsch kann man sehr gut in Tempurateig (siehe Grundrezepte) ausbacken und zur Suppe servieren.

Wiesengewürzkuchen mit Pappel

Je 1 EL Pastinakensamen, Steinkleesamen, Waldengelwurzsamen, Wiesenbärenklausamen und Wiesenkerbelsamen
1 EL Pappelknospen
125 g Roggenmehl
125 g Weizenmehl
1 EL Backpulver
1 TL Meersalz
6 Eier
100 g Orangeat
250 g Brennnesselkaramell (Rezept Seite 24)

Die gut getrockneten Gewürzsamen in einer Pfanne ohne Fett leicht anrösten und anschließend mit den Pappelknospen im Mörser zerreiben. Mit Mehl, Backpulver und Meersalz mischen. Die Eier, das Orangeat und den Brennnesselkaramell hinzufügen und zu einem Teig kneten. Den Teig 24 Stunden im Kühlschrank ruhen lassen. Dadurch wird der Kuchen zarter und aromatischer.
Den Teig in eine gefettete Kastenform füllen und im Backofen bei 150 Grad etwa 1 Stunde backen.

Tipp:
Dazu Orangensaft oder Tee reichen.

~~

Weiße Kräutersuppe »Vieux Sinzig«

200 g Kartoffeln
60 g Pastinakenwurzel
50 g Sellerieknolle
50 g Lauch, weißer Teil
50 g Zwiebeln oder Schalotten
4 Knoblauchzehen
4 EL Sonnenblumenöl
1 l Kräuterfond (siehe Grundrezepte)
½ l Sahne
Meersalz, weißer Pfeffer aus der Mühle,
Muskatnuss
50 g Butter

Das Gemüse wo nötig schälen, in kleine
Stücke schneiden und im Sonnenblumenöl
etwa 8 Minuten glasig andünsten. Mit dem
Kräuterfond ablöschen und etwa 10 Minuten
kochen, bis das Gemüse weich ist. Pürieren
und durch ein Haarsieb streichen. Die Sahne
dazugeben und würzen.
Kurz vor dem Servieren die Butter in Stückchen darunterschlagen und die Suppe nochmals abschmecken.

Tipp:
Zackenschotenpesto (Rezept Seite 150) dazu
servieren oder in die Suppe geben.

Pastinaken-Kokos-Schaum

100 g Kokosnuss, gerieben
300 ml Kokosmilch
150 ml Sahne
80 g Rohrzucker
20 g Pastinakenkraut, getrocknet
1 Blatt Gelatine, kurz in kaltem Wasser
eingeweicht

Geriebene Kokosnuss, Kokosmilch, Sahne,
Rohrzucker und das getrocknete Pastinakenkraut in einen Topf geben, einmal aufkochen
lassen, dann mit dem Pürierstab fein mixen.
Die abgetropfte Gelatine dazugeben und
durch ein Haarsieb streichen. Die Masse in
einen Sahnebereiter (siehe Hinweis Seite 42)
füllen, eine Patrone einsetzen, verschrauben,
gut schütteln und kalt stellen.

Tipp:
Der Schaum passt sehr gut zu verschiedens-
ten Desserts, zum Beispiel zu einer Espresso-
creme oder einer Schokoladenmousse.

Pastinake
Pastinaca sativa

*Das getrocknete Kraut ist eine in-
teressante Würze für süße Cremes.
Aus der Wurzel lassen sich leckere
Gemüsechips herstellen, aber
auch Suppen, Gemüsebeilagen
und Rohkostsalate. Die gerösteten
Samen benutze ich als Gewürz.
Ich verwende die Zuchtform der
Pastinakenwurzel, da sie sich
wild nur sehr mühsam ernten lässt
und oft faserig ist.*

Putenbrustspieße mit Pestwurz

~~

Putenbrustspieße mit Pestwurz

Putenbrustspieße:
500 g Putenbrust, in 3–4 cm breite,
fingerdicke Streifen von 15–18 cm Länge
geschnitten
1 walnussgroßes Stück Ingwer, geschält,
klein geschnitten
1 TL Kurkuma
Meersalz, Pfeffer aus der Mühle
2 EL Sonnenblumenöl
4 Kräuterstengel, ca. 25 cm lang (z.B. Dost)

200 g Karotten, geschält, in feine Streifen
geschnitten
1 Knoblauchzehe, gehackt
2 EL Sonnenblumenöl
60 g Giersch
Meersalz

4 EL Pestwurzchutney mit Akazienblüten
(siehe rechts)
4 Pestwurz-Nituke (siehe unten)
4 EL Tomatenconfit (siehe Rezept Wolfsbarschtatar, Seite 88)

Für die Putenspieße das Fleisch mit Ingwer, Kurkuma, Meersalz, Pfeffer und Sonnenblumenöl marinieren. Die Fleischstreifen ziehharmonikaartig, nach Belieben zusammen mit einigen Stücken Paprika, auf die Kräuterstengel spießen (die Löcher im Fleisch eventuell mit einem Fleischspieß vorbohren).

Die Karotten mit dem Knoblauch kurz im Sonnenblumenöl braten. Den Giersch kurz in wenig Wasser kochen. Abgießen und abtropfen lassen. Karotten und Giersch mit Meersalz würzen.

Die Spieße 5 Minuten grillen. Auf dem Karotten-Giersch-Gemüse anrichten und jeweils 1 Esslöffel Pestwurzchutney und Pestwurz-Nituke dazugeben. Als Garnitur mit dem Tomatenconfit Streifen auf die Teller ziehen.

Pestwurzchutney mit Akazienblüten

400 g Pestwurzstiele, klein geschnitten
300 g Akazienblüten
2 rote Paprika, geschält, gewürfelt
1 scharfe Peperoni, gewürfelt
250 g Zucker
150 ml Zitronensaft
5 EL Weinessig
1 TL Johannisbrotkernmehl (ersatzweise
Maisstärke)
1 Prise Chili
1 EL Meersalz

1 Prise Kurkuma

Die klein geschnittenen Pestwurzstiele 3 Minuten in Salzwasser blanchieren. In kaltem Wasser abschrecken. Die Akazienblüten ebenfalls kurz blanchieren, abschrecken und abtropfen lassen.

Pestwurz und Akazienblüten mit allen weiteren Zutaten mischen und 1 Tag im Kühlschrank ziehen lassen. Anschließend 15 Minuten zu einem Mus einkochen und zuletzt mit dem Kurkuma abschmecken.

Tipp:
Das Chutney ist eine aromatische Würzbeilage zu Grillfleisch und zu asiatischen Gerichten.

Pestwurz
Petasites spp.

Die großen, Rhabarberblättern ähnlichen Blätter wurden früher zum Einpacken von Lebensmitteln, zum Beispiel von Butter verwendet. Im Sommer wickle ich zum Grillen gerne Fisch oder Geflügel darin ein. Das Grillgut wird dadurch geschützt und bleibt saftig. Vor dem Essen die Blätter entfernen. Die Blüten passen zu Gemüse wie Blumenkohl und Brokkoli und zum Einlegen in Kräuteressig. Die Stiele lege ich gerne in Sojasauce ein und verwende sie zu asiatischen Gerichten und zu Fisch. Auch mit Chili als Chutney schmeckt Pestwurz sehr gut.

Pfennigkraut
Lysimachia nummularia

Die fein säuerlich schmeckenden Blättchen bereichern jeden Frühlingssalat. Sie würzen Eierspeisen und kalte Suppen auf der Basis von Buttermilch, Joghurt, Sojamilch oder Kokosmilch.

Pestwurz-Nituke

75 g Pestwurzstiele und -blütenknospen, die Stiele schräg in 1 cm breite Stücke geschnitten
2 EL Sojasauce
2 EL Weißwein
1 EL Zucker
1 TL schwarzer Pfeffer aus der Mühle
1 EL Zitronensaft
1 TL Johannisbrotkernmehl
2 EL Sonnenblumenöl
5 g Labkrautblüten

Die klein geschnittenen Pestwurzstiele und -blütenknospen in Salzwasser 3 Minuten blanchieren. Abgießen, in kaltem Wasser abschrecken und abtropfen lassen. Mit allen weiteren Zutaten verrühren.

Tipp:
Dies ist eine würzige Beilage zu Reisgerichten und zu asiatischen Speisen.
Nituke oder auch Nitsuke ist die japanische Bezeichnung für gedünstetes und in Sojasauce, Sake und Zucker eingelegtes Gemüse.

Fasanenrührei mit Pfennigkraut und Sommertrüffel

12 Fasaneneier
1 Sommertrüffel von ca. 40 g
20 g Pfennigkraut, fein geschnitten
40 g Butter
Meersalz, Pfeffer aus der Mühle

250 g feines Salz
4 Pfennigkrautranken, 25 cm lang

Die Fasaneneier zusammen mit dem ganzen Trüffel 3 Tage in einem verschlossenen Behälter im Kühlschrank aufbewahren, damit die Eier das Trüffelaroma annehmen.
Die Eier am dickeren Ende mit einer kleinen spitzen Schere vorsichtig öffnen, Dotter und Eiweiß in eine Schüssel geben. Den Trüffel in Scheiben hobeln; 12 Scheiben davon als Garnitur beiseite legen. Den restlichen Trüffel zusammen mit dem Pfennigkraut zu den Eiern geben und verrühren.
In einer Pfanne die Butter schmelzen und darin das Rührei cremig garen. Abschmecken. Auf die Teller jeweils drei Häufchen Salz setzen. Das Rührei in die Eierschalen verteilen und jeweils eine Scheibe Trüffel darauflegen. Die Eierschalen in die Salzhäufchen stellen und die Teller mit einer Pfennigkrautranke garnieren. Mit gerösteten Croûtons oder Baguette servieren.

Fasanenrührei mit Pfennigkraut
und Sommertrüffel

Pimpernelle
Sanguisorba minor

Die Pimpernelle ist eines der klassischen Kräuter in der Frankfurter Grünen Sauce. Dank seines feinen Walnussaromas kann es anstelle von diesen in Desserts, Pesto, Gebäck und zu Käse verwendet werden.

Lammcarpaccio mit Roquefortcreme und Pimpernellenöl

Lammcarpaccio:
350 g Lammfilet
35 g schwarzer Kardamom, zerstoßen
1 EL Espelettepaprika
1 TL Meersalz
1 TL Rohrzucker

Pimpernellenöl:
1 Handvoll Pimpernellenblätter
2 EL Wasser
1 Prise Meersalz
5 EL Sonnenblumenöl
Pfeffer aus der Mühle

Roquefortcreme:
1 Zwiebel, fein gewürfelt
2 Kartoffeln, geschält, in Scheiben geschnitten
1 Handvoll Pimpernelle, Blätter von Nachtkerze, Wegwarte, Wilder Möhre und Malve, gehackt
100 ml Weißwein
150 ml Sahne
150 ml Milch
2 Eier, weich gekocht
100 g Roquefort
25 g Rucola, gehackt
5 Blatt Gelatine, kurz in kaltem Wasser eingeweicht
1 EL Honig
200 ml Sahne, steif geschlagen
Meersalz

Sommerblüten-Tempura (Rezept Seite 80)
Pimpernellenblätter

Für das Carpaccio das Lammfilet mit den Gewürzen gut einreiben. In Frischhaltefolie eingerollt etwa 4 Stunden anfrieren. Dann mit der Aufschnittmaschine hauchdünn aufschneiden und die Scheiben sofort fächerförmig auf den Tellern anrichten.

Für das Pimpernellenöl alle Zutaten in einem Mixbecher pürieren.
Für die Roquefortcreme die Zwiebeln andünsten. Die Kartoffelscheiben mit den gehackten Kräutern sowie Weißwein, Sahne und Milch beifügen und weichkochen. Alles zusammen mit den Eiern pürieren, durch ein Sieb streichen und abkühlen lassen. Dann Roquefort, Rucola und die abgetropfte Gelatine darunterrühren. Zuletzt den Honig und die steifgeschlagene Sahne darunterheben und mit Meersalz abschmecken. Die Creme in Portionierringe verteilen und im Kühlschrank etwa 20 Minuten fest werden lassen.
Die Roquefortcreme aus den Ringen lösen und auf das Carpaccio setzen. Das Carpaccio mit dem Pimpernellenöl beträufeln, mit Meersalz und Pfeffer würzen. Mit Sommerblüten-Tempura und frischen Pimpernellenblättern garnieren.

Lammcarpaccio mit Roquefortcreme,
Pimpernellenöl und Sommerblütentempura

～

Rainfarn
Tanacetum vulgare

In meiner Heimat, der Normandie, wächst diese Pflanze in jedem anständigen Bauerngarten und wird in hausgemachten Kräuterlikören verwendet. Das feine Aroma der zarten Blätter verwende ich zum Würzen von Krustentieren. Die Blüten kandiere ich und nutze sie für Kuchen und Olivenöleis.

Chartreusekuchen mit Rainfarneis

Für 8 Personen

70 g Rainfarnblüten
70 g Zucker

Teig:
2 Eier
100 g Zucker
100 ml Sonnenblumenöl
100 g Naturjoghurt
½ TL Meersalz
75 g Weizenmehl Type 405
75 g Kamutmehl
½ TL Backpulver
1–2 EL Sonnenblumenkerne, leicht geröstet
50 g kandierte Orangenschalen, gewürfelt
35 g Backpflaumen, gewürfelt

Rainfarneis:
3 Eigelb
75 g Zucker
¼ l Vollmilch
50 ml Olivenöl
1 Zweig Rainfarn, abgezupfte Blütenblätter

Garnitur:
4 EL Orangen-Waldmeister-Sauce
(Rezept Seite 134)
4 EL Naturjoghurt
80 g getrocknete Backpflaumen und Kumquats
4 EL Sonnenblumenkerne
4 Zweige Rainfarn
4 Rainfarnblüten

Die Rainfarnblüten zum Kandieren 10 Tage im Zucker einlegen. Anschließend hacken. Für den Teig die Eier mit dem Zucker schaumig rühren. Das Sonnenblumenöl nach und nach dazugeben. Joghurt und Meersalz daruntermischen. Das Mehl mit dem Backpulver mischen, über die Ei-Joghurt-Mischung sieben und darunterheben. Die gerösteten

Sonnenblumenkerne mit Orangenschalen, Backpflaumen und den kandierten Rainfarnblüten darunterziehen.
Den Teig in eine gebutterte Kastenform füllen und im Backofen bei 180 Grad 35 Minuten backen. Abkühlen lassen und aus der Form nehmen.
Für das Rainfarneis die Eigelbe mit dem Zucker kräftig verrühren. Die Milch erhitzen und nach und nach dazugießen. Die Flüssigkeit bei kleiner Hitze etwa 5 Minuten langsam eindicken lassen. Das Olivenöl dazugeben. Über die gezupften Rainfarnblütenblätter gießen und etwas abkühlen lassen. Mixen, durch ein Sieb streichen und nach dem Abkühlen in der Eismaschine gefrieren lassen. Mit der Orangen-Waldmeister-Sauce und dem Joghurt auf den Tellern jeweils eine Linie ziehen. Das Eis mit den Kuchenscheiben anrichten und mit Trockenfrüchten, Sonnenblumenkernen, Rainfarnzweigen und -blüten garnieren.

Chartreusekuchen mit Rainfarneis

Rauke, Knoblauchrauke
Alliaria petiolata

Die eleganten, zartgrünen Blätter mit ihrem ausgeprägten Kohl- und Knoblauchduft eignen sich für Chips, Kräuterbutter und Kräuterquark. Als Gemüse werden sie vor dem Dünsten kurz blanchiert, da sie sonst bitter schmecken. Die noch verschlossenen Blütenknospen verwende ich wie Minibrokkoli.

Zucchini mit Knoblauchrauke

4 Zucchini, ca. 500 g
4 Tomaten, gehäutet, entkernt, gewürfelt
1 Zwiebel, gewürfelt
5 EL Olivenöl
2 Knoblauchzehen, gepresst
1 EL Tomatenmark
250 g Knoblauchrauke
1 TL grüner Pfeffer
1 Prise Meersalz
8 Scheiben Räucherschinken, in Streifen geschnitten

Die Zucchini der Länge nach halbieren, das Fruchtfleisch mit einem Teelöffel herauslösen und klein hacken. Tomaten und Zwiebel im Olivenöl etwa 6 Minuten dünsten. Den Knoblauch, die gehackte Zucchini und das Tomatenmark dazugeben und mitdünsten. Die Knoblauchrauke in kochendem Wasser etwa 2 Minuten blanchieren. Abgießen und abtropfen lassen. Mit dem grünen Pfeffer und Meersalz würzen und die Räucherschinkenstreifen daruntermischen.
Die Knoblauchraukenmischung in die ausgehöhlten Zucchinihälften verteilen und darauf die Zucchini-Tomaten-Mischung geben. Vor dem Servieren im Backofen bei 180 Grad etwa 15 Minuten backen.

Tipp:
Passt gut zu einem Rinderbraten und zu Geflügelgerichten.

Polenta mit flüssiger Knoblauchraukenfüllung

Knoblauchraukenbutter:
30 g Butter
30 g Knoblauchrauke, fein gehackt
1 Knoblauchzehe, gepresst
Meersalz

Polenta:
¼ l Vollmilch
60 g Polentagrieß
1 Prise Meersalz
Muskatnuss, weißer Pfeffer aus der Mühle
1 Ei
2 Eigelb
1 EL Butter
50 g Parmesan, gerieben

20 g flüssige Butter
1 TL Knoblauchraukensamen

Alle Zutaten zur Knoblauchraukenbutter mischen. In 4 kleine Portionen teilen und einfrieren.
Die Vollmilch mit dem Polentagrieß aufkochen und 20 Minuten ziehen lassen. Etwas abkühlen lassen, dann die Gewürze, Ei, Eigelbe, Butter und Parmesan darunterziehen. Portionierringe sorgfältig mit flüssiger Butter auspinseln und die Innenwand mit einem Streifen Backpapier auskleiden. Dann die Polenta einfüllen. Die Knoblauchraukenbutter in die Mitte stecken. Mit Koblauchraukensamen bestreuen. Im Backofen bei 150 Grad etwa 15 Minuten backen.
Wenn man die Polenta auf dem Teller ansticht, läuft die Knoblauchraukenbutter heraus.

Tipp:
Passt als Beilage zu Fleischgerichten, zum Beispiel dem Kaninchen mit Kräutermelange (Rezept Seite 82).

Polenta mit flüssiger Knoblauchraukenfüllung
und Kaninchen mit Kräutermelange

Gelbe Resede
Reseda lutes

Die Resede ist vor allem ein Salat-kraut, das aufgrund seiner symmet-rischen Zeichnung auch sehr deko-rativ wirkt. Aufgrund des in ihr enthaltenen Senföls schmeckt sie scharf-pikant. Attraktiv sind auch die grünen Samenschoten, die et-wa die Größe und Form von Pista-zienkernen haben. Ich verwende sie sehr gerne zur Herstellung von würzigen, grünen Ölen.

Robinie, Scheinakazie
Robinia pseudoacacia

Da sie wie die Erbse zur Familie der Leguminosen gehört, ist es nicht verwunderlich, dass ihre Blüten sowohl im Geschmack wie auch im Aussehen an die Erbse erinnern. Weil die Blüten schnell auf- und verblühen, sollten sie im geschlos-senen Zustand gepflückt werden. Sie können wie Kapern, als Gemü-se oder zu Gelee verarbeitet wer-den. Blätter und Samen werden getrocknet und geröstet, dann wie Kaffee aufgebrüht und entspre-chend weiterverarbeitet, etwa zu Bayerischer Creme, Eis oder Tira-misu. Die Schoten ergeben eine hübsche Dekoration oder lassen sich als Gemüse verarbeiten.

Kalbsleber mit Weinberg-resede und Walnussöl

4 Scheiben Kalbsleber à 150 g
Meersalz, Pfeffer aus der Mühle
2 EL Walnussöl
2 EL Butter
120 ml Kalbsfond

Salat:
4 Handvoll Resedentriebe
1 EL Weinessig
2 EL Walnussöl
Meersalz, Pfeffer aus der Mühle

Walnussöl
4 EL Walnuss-Gomasio (siehe Grundrezepte)
Meersalz, Pfeffer aus der Mühle

Die Kalbsleber mit Meersalz und Pfeffer würzen. In einer heißen Pfanne im Walnuss-öl von beiden Seiten 3–4 Minuten anbraten. Dann die Butter in Stückchen dazugeben und durchschwenken. Die Leber herausneh-men und 10 Minuten warm gestellt ruhen lassen. Den Bratensatz mit dem Kalbsfond ablöschen, durch ein Haarsieb passieren und abschmecken.
Die Resedentriebe mit Essig, Öl und den Gewürzen mischen.
Den Salat in der Mitte der Teller anrichten. Die Kalbsleberscheiben schräg halbiert darauflegen. Mit dem Jus und etwas Walnuss-öl umranden und einen Streifen Walnuss-Gomasio darüberziehen. Mit Meersalz und Pfeffer bestreuen.

Tipp:
Der perfekte Garpunkt von Leber liegt bei etwa 50 Grad. Zur Probe mit einer Nadel oder einer feinen Messerspitze in die Mitte stechen und die Temperatur dann an der Lippe überprüfen: Wenn sie lauwarm ist, ist die Leber gerade richtig auf den Punkt ge-gart.

Putenbrust mit Wickensauce

600 g Putenbrust, pariert
Meersalz, Pfeffer aus der Mühle
2 EL Sonnenblumenöl
1 EL Butter

Wickensauce:
2 EL Zucker
1 EL Weinessig
300 ml Sahne
100 ml Vollmilch
20 g Wickenblüten, klein geschnitten
10 g Wickenblätter, klein geschnitten
Meersalz

Beilage:
100 g dicke Bohnen, enthülst
120 g Akazienblüten (siehe Rezept Rehkeule mit Akazienblüten, Seite 104)
Butter
Meersalz

12 blaue Kartoffeln (Rezept Seite 34)

Die Putenbrust mit Meersalz und Pfeffer würzen. Öl und Butter aufschäumen lassen und die Putenbrust darin anbraten und anschließend zugedeckt 20 Minuten bei mitt-lerer Temperatur auf den Punkt garen (siehe Tipp links). 10 Minuten abseits des Herds ruhen lassen.
Für die Sauce den Zucker hellgelb karamel-lisieren, mit Weinessig, Sahne und Vollmilch ablöschen, die Hälfte der klein geschnittenen Wickenblüten und -blätter dazugeben. Auf-kochen und zugedeckt 30 Minuten ziehen lassen. Dann auf die Hälfte einkochen. Die restlichen Wickenblüten und -blätter dazu-geben, mixen und durch ein Sieb streichen. Die Bohnenkerne zusammen mit den Aka-zienblüten in etwas Butter schwenken und salzen.
Die Putenbrust aufschneiden, mit dem Bohnengemüse und den Kartoffeln anrich-ten und mit der Sauce umgießen.

Kalbsleber mit Weinbergresede und Walnussöl

Rehkeule mit Akazienblüten und Tannenspitzensauce

1 Rehkeule, küchenfertig
1 EL Meersalz, Pfeffer aus der Mühle
1 Handvoll Tannenspitzen, fein gehackt
1 EL Sonnenblumenöl
2 EL Butter

Tannenspitzensauce:
1 EL Zucker
4 EL Weinessig
¼ l Wildfond
1 Handvoll Tannenspitzen, grob gehackt
1 TL Maisstärke, in 1 EL kaltem Wasser
angerührt

Akazienblüten:
150 g Akazienblüten
100 g Zuckerschoten, in Streifen geschnitten
50 g Butter
300 g weiße Bohnen, gekocht
1 TL Honig
Meersalz

100 g Rote-Oliven-Tapenade (Rezept
Seite 69)
100 g Rote Oliven (Rezept Seite 69)

Die Rehkeule mit Salz und Pfeffer würzen
und in den fein gehackten Tannenspitzen
wälzen. In einen Bräter legen, das Öl und die
Butter in Stückchen darüber verteilen. Die
Rehkeule im Backofen bei 220 Grad 10 Minuten braten, dann wenden und bei 180 Grad
weitere 20 Minuten garen. Aus dem Bräter
nehmen, in Alufolie einwickeln und warm
halten. Das Fleisch sollte rosa sein.

Für die Sauce den Zucker zum Bratenfond in
den Bräter geben, goldgelb karamellisieren
und mit dem Essig ablöschen. Den Wildfond
und die gehackten Tannenspitzen dazugeben,
alles kurz mixen und mit der angerührten
Maisstärke binden. Die Sauce durch ein Sieb
passieren und abschmecken.
Die Akazienblüten und die Zuckerschotenstreifen in der heißen Butter andünsten. Die
gekochten Bohnen und den Honig dazugeben. Abschmecken.
Das Akazienblüten-Bohnen-Gemüse in die
Mitte der Teller geben. Jeweils 2–3 Scheiben
Rehkeule fächerartig darauf anrichten und
mit der Tannenspitzensauce umranden. Den
Tellerrand mit der Tapenade und den Roten
Oliven garnieren.

Lachs mit Wiesensalbeischmand auf Rösti

600 g Lachsfilet mit Haut
Meersalz, Pfeffer aus der Mühle
50 g Butterschmalz

Wiesensalbeischmand:
12 Blätter Wiesensalbei, fein gehackt
1 EL grüne Samendolden vom Wiesenbärenklau
Saft von 2 Orangen
Saft von 1 Zitrone
Meersalz
1 EL Zucker
2 EL Essig
¼ l Sahne, steif geschlagen

Rösti:
4 Kartoffeln, grob gerieben
1 Prise Muskatnuss
Meersalz
8 EL Öl

4 Scheiben Räucherlachs
Salbeiblüten

Die Haut vom Lachsfilet abziehen. Das Filet in dünne Scheiben schneiden und kühl stellen. Die Lachshaut mit Meersalz und Pfeffer würzen und im Backofen bei 120 Grad etwa 1 Stunde trocknen lassen.
Für den Wiesensalbeischmand Wiesensalbei und Bärenklau im Orangen- und Zitronensaft 7 Minuten ziehen lassen. Durch ein Sieb gießen, Meersalz, Zucker und Essig dazugeben und die steif geschlagene Sahne darunterrühren. Abschmecken; der Geschmack sollte deutlich süßsauer sein. Kühl stellen.
Für die Rösti die Kartoffeln mit Muskat und Salz würzen und im Öl ausbacken.

Die Lachsfiletscheiben mit Wiesensalbeischmand bestreichen, jeweils in mehreren Schichten zu einem Türmchen übereinanderstapeln und auf die 4 Rösti legen. Den Rand der Türmchen mit dem Räucherlachs umwickeln. Im Backofen bei 50 Grad etwa 8 Minuten lauwarm garen. Zum Schluss mit etwas Meersalz bestreuen.
Die Rösti mit dem Lachs auf vorgewärmten Tellern anrichten und mit Salbeischmand umranden. Mit Salbeiblüten und den Lachshautchips garnieren.

Tipps:
Nach Belieben dazu noch in Öl ausgebackene Salbeiblätter servieren.

Salbei, Wiesensalbei
Salvia pratensis

Der an Limetten erinnernde Duft des Wiesensalbeis kommt besonders gut in Salatsaucen zur Geltung. Er ist auch sehr aromatisch, etwa zusammen mit Ingwer, in Füllungen für Frühlingsrollen oder Weinrebenblätter.

Schokoladentörtchen mit Wiesensalbeikaramell und -chips

Salbeikaramell:
60 g Wiesensalbei, fein püriert
20 g Butter
400 g Zucker
200 ml Sahne
2 Blatt Gelatine, kurz in kaltem Wasser
eingeweicht
50 ml Cognac

Salbeichips:
100 ml Wasser
50 g Zucker
4 Wiesensalbeiblätter
Puderzucker

Schokoladenmousse:
150 ml Vollmilch
½ Vanilleschote, ausgekratztes Mark
2 Eigelb
2 EL Zucker
250 g Kuvertüre, zerkleinert
600 ml Sahne, steif geschlagen

2 Biskuitböden, 1–2 cm dick
50 g zartbittere Kuvertüre, flüssig, für die
Garnitur

Für den Karamell zunächst den Salbei mit der weichen Butter verrühren.
Den Zucker mit 1 Esslöffel Wasser goldbraun karamellisieren. Mit der Sahne ablöschen und zu einer dickflüssigen Masse einkochen. Die abgetropfte Gelatine darin auflösen. Die Salbeibutter und den Cognac darunterrühren.

Für die Chips das Wasser mit dem Zucker aufkochen. Den Salbei 1 Minute darin kochen. Herausheben und gut abtropfen lassen. Auf ein mit Backpapier ausgelegtes Blech legen, mit Puderzucker bestäuben und bei 80 Grad im Backofen 1 Stunde knusprig trocknen. Den Sirup beiseite stellen.
Für die Mousse die Milch mit dem Vanillemark aufkochen. Die Eigelbe mit dem Zucker verrühren, die warme Vanillemilch dazugießen und das Ganze wiederum zurück in den Topf geben und unter dem Siedepunkt cremig eindicken lassen (nicht kochen!). Die Kuvertüre in der Vanillecreme auflösen. Abkühlen lassen. Die geschlagene Sahne darunterheben und die Mousse kalt stellen. Eine viereckige Form mit dem Biskuit auslegen und diesen mit dem beiseite gestellten Salbeisirup befeuchten. Die Mousse darauf verteilen und glattstreichen. Den Salbeikaramell in einen Spritzsack mit runder Tülle füllen und auf die Mousse spritzen. Im Kühlschrank einige Stunden fest werden lassen. Vor dem Servieren mit einem in heißes Wasser getauchten Messer in Portionsstücke schneiden und anrichten. Mit den Salbeichips garnieren.

Schokoladentörtchen mit
Wiesensalbeikaramell und -chips

Sanddorn
Hippophaë rhamnoides

Die Beeren des Sanddorns sind das Sauerste, was ich unter den Früchten und Pflanzen kenne. Der reine Sanddornsaft kann in vielen Zubereitungen Zitronensaft oder Essig ersetzen. Sein säuerlicher Geschmack gibt Kürbisgerichten den nötigen Pfiff und aromatisiert kalte und warme Saucen, die vorzüglich zu Fisch, Geflügel und Wild passen. Auch in Desserts glänzt er als Beigabe zu Früchtekompotts und Sorbets. Seine orange-rote Farbe ist immer Blickfang auf dem Teller.

Salbeitempura

Tempurateig (siehe Grundrezepte)
20 Salbeiblätter
½ l Sonnenblumenöl zum Ausbacken
Meersalz
1 TL Schabzigerklee oder Currypulver

Den Tempurateig zubereiten.
Die Salbeiblätter einzeln in den Teig tauchen und im 170 Grad heißen Öl 3–4 Minuten goldgelb ausbacken. Auf einem Küchenpapier abtropfen lassen, dann mit Meersalz und Schabzigerklee oder Curry würzen. Im Backofen bei 80 Grad warm halten.

Tipp:
Ein wunderbarer Snack, zu einem Glas Wein oder mit der Bärlauchcreme (Rezept Seite 16) servieren.

Sanddorn-Kürbis-Konfitüre

250 g Kürbis, klein gewürfelt
1 TL Öl
½ l Sanddornsaft
300 g Zucker
20 g Pektin

Die Kürbiswürfel im Öl etwa 5 Minuten dünsten. Den Sanddornsaft dazugießen. Den Zucker mit dem Pektin vermengen und beifügen. Das Ganze unter ständigem Rühren bis kurz vor den Siedepunkt erhitzen. Sofort heiß in Gläser abfüllen, verschließen und auf den Kopf stellen.
Die Konfitüre hält sich, dunkel und kühl aufbewahrt, mehrere Monate.

Hinweise:
Sanddorn hat eine sehr starke Gelierkraft und schmeckt sehr sauer.
Sanddornkonfitüre brennt schnell an, deshalb bei der Weiterverarbeitung im Wasserbad erhitzen.

Tipp:
Passt als Sauce sehr gut zu Wildgerichten und zu Desserts.

Sanddornquark-Schichttörtchen mit Mispelrolle

200 g Sanddorn-Kürbis-Konfitüre
(Rezept Seite 108)
2 Blatt Gelatine, kurz in kaltem Wasser
eingeweicht

Quarkcreme:
250 g Quark
75 g Zucker
1 TL Vanilleextrakt
4 Blatt Gelatine, eingeweicht
200 ml Sahne, steif geschlagen

Mispelrolle:
150 g Mispel
50 ml Wasser
1 TL Honig
60 g gehackte Mandeln, trocken geröstet
30 g Korinthen, gehackt
2 Blätter Brik- oder Strudelteig
1 Ei, verquirlt
20 g Butter, flüssig
Puderzucker

4 EL Korinthen, gehackt
100 g Sanddorn-Kürbis-Konfitüre
(siehe Rezept oben), mit 100 ml Wasser
verrührt

Die Konfitüre lauwarm erwärmen und die abgetropfte Gelatine darin auflösen. Abkühlen lassen.
Für die Quarkcreme den Quark mit Zucker und Vanilleextrakt glattrühren. Die abgetropfte Gelatine in 2 Esslöffeln der geschlagenen Sahne auflösen und unter den Quark rühren. Die restliche steif geschlagene Sahne darunterheben.

Sobald das Sanddorngelee zu stocken beginnt, in Portionierringe von 5 Zentimeter Durchmesser abwechselnd jeweils zwei etwa 1 Zentimeter dicke Schichten Gelee und Quarkcreme einfüllen. Kühl stellen.
Für die Mispelrolle die Mispeln mit Wasser und Honig aufkochen, pürieren und durch ein Sieb streichen. Mandeln und Korinthen daruntermischen und die Masse in einen Spritzbeutel mit runder 10-mm-Lochtülle füllen.
Den Brik- oder Strudelteig vierteln und mit dem verquirlten Ei bestreichen. Die Mispelfüllung auf die breite Seite aufspritzen, dabei einen Rand frei lassen. Den Teig darüberschlagen, die Ränder einschlagen und wie eine Frühlingsrolle aufrollen. Die Teigrollen vor dem Backen mit zerlassener Butter bestreichen und mit Puderzucker bestäuben. Im Backofen bei 180 Grad 5 Minuten backen.
Die Sanddornquarktörtchen aus den Portionierringen lösen und mit der Quarkseite nach unten auf die Teller stürzen. Die Mispelrolle auf einer feinen Schicht gehackter Korinthen dazustellen und mit der Sanddornsauce umranden.

Tipp:
Damit sich die Quarktörtchen gut aus den Portionierringen lösen lassen, den Rand leicht erwärmen, indem man die Ringe zwischen den Händen hin- und herrollt.

~≈~

Sauerampfer
Rumex acetosa

*Der Klassiker in der Wildpflanzen-
küche wird wegen seines fein–säuerlichen Geschmacks und der vielen
Verwendungsmöglichkeiten sehr
geschätzt. Am besten eignet sich die
Sorte Schildampfer oder Römischer
Ampfer (Rumex scutatus), die
allerdings auch eine der kleinsten
ist.*

Springkraut
Impatiens glandulifera

*Die Samenknospen können wie
Kapern eingelegt werden. Sie
ergeben auch ein delikates Gemüse.
Um die Bitterstoffe herauszulösen,
zweimal in viel Wasser kochen.*

Lachsfilet mit Sauerampfersauce

Sauerampfersauce:
100 g Sauerampfer
2 Schalotten, fein gewürfelt
Butter
1 TL Mehl
100 ml Weißwein
200 ml Fischfond
200 ml Sahne
50 g Butter

4 Lachsfilets mit Haut à 150 g
Meersalz, Pfeffer aus der Mühle
2 EL Mehl
2 EL Sonnenblumenöl

1 Handvoll Springkrautknospen
Butter
Meersalz
4 Springkrautblüten
4 Sauerampferblätter

Für die Sauerampfersauce die Blätter von
den Stielen zupfen. Die Stiele zusammen
mit den Schalotten in Butter andünsten, das
Mehl darüberstäuben und leicht anrösten.
Mit Weißwein und Fischfond ablöschen und
etwa 10 Minuten kochen lassen. Durch ein
Sieb passieren, die Sahne hinzufügen und
aufkochen. Zuletzt die Butter in Stückchen
darunterschlagen und abschmecken.
Die Lachsfilets würzen, die Hautseite bemehlen und im heißen Öl auf der Hautseite
8 Minuten knusprig braten. Der Fisch ist gar,
wenn die Fleischseite lauwarm ist.
Die Springkrautknospen in heißer Butter
und etwas Salz kurz schwenken.
Vor dem Servieren die Sauerampferblätter in
feine Streifen schneiden und zur Sauce geben. Nicht mehr kochen lassen, sonst verliert
der Sauerampfer seine Farbe.
Die Sauce auf die Teller verteilen. Das Lachsfilet mit der Hautseite nach oben darauflegen. Mit Springkrautknospen, -blüten und
einem Sauerampferblatt garnieren.

Sauerampfereis mit Noilly Prat

100 g Sauerampfer
700 ml Wasser
150 g Zucker
8 Eigelb
250 g Butter
100 ml Noilly Prat (siehe Hinweis)

Die Sauerampferblätter von den Stielen zupfen und grob hacken. Die Stiele mit Wasser
und Zucker aufkochen und zu einem Sirup
einkochen. Den Sirup durch ein Sieb gießen.
Eigelbe und Butter in eine Schüssel geben.
Den Sauerampfersirup nochmals erhitzen,
zu den Eigelben in die Schüssel gießen, alles
mit dem Pürierstab glattmixen und abkühlen lassen. Die Sauerampferblätter mit dem
Pürierstab daruntermixen und den Noilly
Prat beifügen. Die grasgrüne Creme in der
Eismaschine gefrieren. Man kann sie auch in
einer flachen Schale im Tiefkühler gefrieren
lassen, dann vor der Verwendung in kleinen Stücken in der Küchenmaschine cremig
rühren.

Tipp:
Nach dem gleichen Rezept kann man auch
ein Eis aus Beifußblüten, Waldmeister oder
Sauerklee zubereiten.

Hinweis:
Noilly Prat ist der König unter den Wermut-
weinen. Die Basis dieses Kräuteraperitifs
bilden zwei Weißweine aus Südfrankreich. Er
wird mit fünfzig verschiedenen Kräutern
aromatisiert. Statt Noilly Prat kann man auch
Sherry oder weißen Martini verwenden.

Bachforelle mit Schafgarbenkraut und -sauce

4 Bachforellen, filetiert, mit Haut
2 EL Zucker
Meersalz, Pfeffer aus der Mühle
4 Schafgarbenblüten
100 g zartes Schafgarbenkraut
Butter und Öl zum Braten

Sauce:
2 Schalotten, klein geschnitten
1 Stange Lauch, grüner Teil klein
geschnitten
1 TL Mehl
2 EL Öl
Saft von 1 Zitrone
1 Nelke
4 Schafgarbenblüten
100 g Butter

Schafgarbe, Blüten und Kraut, als Garnitur

Die Forellenfilets auf allfällige Gräten ab-
suchen und diese entfernen (Gräten und
Köpfe werden für die Herstellung der Sauce
verwendet). Die Filets mit Zucker, Salz
und Pfeffer würzen. Die Schafgarbenblüten-
blätter darüberzupfen und die Filets mit
Frischhaltefolie bedeckt 3 Stunden im Kühlschrank ziehen lassen.
Das Schafgarbenkraut 2 Minuten in kochendem Salzwasser blanchieren, herausheben
und abtropfen lassen. Das Kochwasser beiseite stellen.
Für die Sauce Schalotten und Lauchgrün
zusammen mit den Forellengräten und
-köpfen, mit dem Mehl bestreut, im Öl leicht
anrösten. Den Zitronensaft, die Nelke und
das beiseite gestellte Schafgarbenkochwasser
dazugeben, aufkochen und zugedeckt ziehen
lassen. Den Sud durch ein Sieb in einen
weiten Topf gießen und auf 200 Milliliter
einkochen. Die Schafgarbenblüten dazugeben, die Butter daruntermixen, abschmecken
und nochmals durch ein Sieb streichen.

Die Forellenfilets in Butter und Öl auf der
Hautseite 3 Minuten braten, so dass die Haut
knusprig und das Fleisch auf den Punkt
gegart ist. Das blanchierte Schafgarbenkraut
dazugeben und kurz erwärmen, abschmecken.
Die Forellenfilets auf dem Schafgarbenkraut
anrichten, mit der Sauce umgießen und
mit frischen Schafgarbenblüten und -kraut
garnieren

Schafgarbe
Alchemilla millefolium

*Aus den Blüten und Samen der
Schafgarbe lässt sich dank ihres
Gehalts an ätherischen Ölen ein
aromatischer Aperitifwein herstellen. Das klassische Heilkraut
mit seinem leicht pfeffrigen Geschmack kommt bei mir in das
Kräuterheu, auf dem ich Fleisch
und Fisch gare, oder würzt Lamm-
gerichte. Die zart gefiederten
Blätter sind in Kräutersalaten
sehr dekorativ.*

Scharbockskraut
Ranunculus ficaria

Das Scharbockskraut ist die einzige essbare Pflanze aus der Familie der Hahnenfußgewächse. Da sie sehr früh, bereits Ende des Winters, zu sprießen beginnt, bleibt ihr keine Zeit, um wie ihre Verwandten giftige Alkaloide zu bilden. Am besten schmecken die kleinen, knolligen Wurzeln, die ich gerne als Tempura serviere, und die jungen Triebe.

Weinbergpfirsich mit Schafgarbensirup

Schafgarbensirup:
20 g Schafgarbenblüten, in Streifen geschnitten
10 Pfirsichblätter, in Streifen geschnitten
Saft von 2 Zitronen
500 g Zucker
600 ml Wasser
1 Nelke, zerstoßen
5 Pfefferkörner, zerstoßen

1 kg Weinbergpfirsiche
1 Handvoll Schafgarbenblüten

Für den Sirup alle Zutaten zusammen aufkochen und zugedeckt ziehen lassen.
Die ganzen Pfirsiche in einen Topf legen, mit dem Sirup übergießen und zugedeckt kurz vor dem Siedepunkt 15 Minuten garen. Die Pfirsiche herausheben und in Gläser setzen. Den Sirup auf ein Drittel dickflüssig einkochen. Abkühlen lassen.
Die Pfirsiche mit dem Schafgarbensirup übergießen und mit Schafgarbenblüten garnieren.

Scharbockskraut mit Maispfannkuchen

Pfannkuchenteig:
150 g Maismehl
3 Eier
4 EL Sahne
10 g Hefe
4 EL Olivenöl

Einlage:
200 g Maiskörner, tiefgekühlt
50 g Schinken, gewürfelt
50 g Comté oder Greyerzer, gewürfelt
25 g Scharbockskrautwurzel, geschält, gewürfelt
1 TL Meersalz

1 Handvoll Scharbockskraut
12 Scharbockskrautblüten

Für den Pfannkuchenteig alle Zutaten verrühren. Bei Zimmertemperatur etwa 2 Stunden gehen lassen. Dann alle Zutaten für die Einlage sowie das Meersalz unter den Teig mischen.
In einer beschichteten Pfanne aus jeweils 1 Esslöffel Teig kleine Pfannkuchen backen. Nach 3–4 Minuten wenden und gut durchbacken.
Mit Scharbockskraut und -blüten garnieren.

~~~

Avocado-Mango-Salat mit Scharbockskraut

4 weiche, reife Avocados
2 Zitronen, Saft
1 reife Mango, geschält, Fruchtfleisch vom
Stein geschnitten
1 rote Paprika, entkernt
8 EL Sonnenblumenöl
1 TL Meersalz
1 TL Honig
1 Handvoll Scharbockskraut, fein geschnitten

1 Handvoll Scharbockskrautwurzeln
(Knollen), geputzt
Tempurateig (siehe Grundrezepte)
Öl zum Frittieren
1 Prise Meersalz

Garnitur:
24 Scharbockskrautblüten und -blätter

Die Avocados längs halbieren, den Stein entfernen und das Fruchtfleisch mit einem Esslöffel herauslösen (die Schalen eventuell säubern und beiseitelegen, um den Salat darin anzurichten). Das Avocadofleisch würfeln und mit dem Zitronensaft mischen. Das Mangofruchtfleisch und die Paprika würfeln und mit Öl, Salz, Honig, Avocado und dem geschnittenen Scharbockskraut vermischen.
Die Scharbockskrautwurzeln in Tempurateig knusprig frittieren. Auf Küchenpapier abtropfen lassen und mit Salz würzen.
Den Salat in den Avocadoschalen anrichten und die frittierte Tempura darauflegen. Mit den Scharbockskrautblüten und -blättern garnieren.

Putenbrust-Carpaccio mit Wasserlauch und Wiesenschaumkrautblüten

200 g Wasserlauch (Schilf), küchenfertig,
in 1 cm dicke Scheiben geschnitten
1 Prise Meersalz
2 EL Traubenkernöl

Wiesenschaumkrautblütensauce:
4 EL Wiesenschaumkrautblüten
1 EL Weißweinsenf
2 EL Weinessig
1 Prise Meersalz

Putenbrust-Carpaccio:
300 g Putenbrust, roh, in feine Scheiben
geschnitten
4 EL Sojasauce
1 EL Weinessig
2 EL fein geschnittener Bärlauch

Garnitur:
4 Wiesenschaumkrautblüten mit Stiel

Den Wasserlauch mit Salz und Öl mischen. Für die Sauce alle Zutaten mischen, cremig pürieren und abschmecken. Es sollte eine scharfe, satt rosafarbene Sauce entstehen, die geschmacklich mit Meerettich vergleichbar ist.
Für das Carpaccio die Sojasauce mit Essig und Bärlauch verrühren und über die Putenbrustscheiben verteilen.
Zum Anrichten zuerst die Wiesenschaumkrautblütensauce auf die Teller verteilen.
Das Putenbrust-Carpaccio darauflegen. Den Wasserlauch dazugeben und mit Wiesenschaumkrautblüten dekorieren.

Schilf
Typha latifolia

Alle Arten von Schilf sind essbar. Verzehrbar ist das zarte, weiße Innere der Triebe, das geschmacklich an Palmherzen und Lauch erinnert; daher nenne ich ihn auch Wasserlauch und reiche ihn aufgrund seines angenehmen Süßwassergeruchs gerne zu Fisch. Er ist butterzart und saftig und kann daher sehr gut auch roh verwendet werden. Man schneidet ihn wie Lauch in Scheiben.

Matjesfilets mit Schilfherzen

~

Matjesfilets mit Schilfherzen

Rote-Bete-Confit:
500 g Rote Bete (Randen), in gleichmäßige
Stifte geschnitten
1 kleine Zwiebel, fein gewürfelt
100 ml Olivenöl
4 EL Weinessig
4 EL Wasser
1 TL Meersalz
Pfeffer aus der Mühle
insgesamt 1 Handvoll Dost, Gundermann,
Wasserminze und Wasserpfeffer

4 Matjesfilets
200 g Schilfherzen (zarter innerer Teil),
in ½ cm dicke Scheiben geschnitten
Meersalz

4 TL Wildzwiebelperlen (Rezept Seite 71)
4 Halme Weinbergschnittlauch, getrocknet
mit Samenstand
1 Bund frischer Weinbergschnittlauch

Für das Confit die Rote Bete mit der Zwiebel
im Olivenöl kurz dünsten. Essig, Wasser,
Meersalz und Pfeffer dazugeben. Die Kräuter
mit Küchengarn zusammenbinden und beifügen. Das Confit etwa 20 Minuten zugedeckt kochen. Abkühlen lassen, das Kräuter-
bündel entfernen, abschmecken.
Das Confit in die Mitte der Teller geben. Jeweils ein Matjesfilet daraufsetzen. Die Schilf-
scheiben dazulegen und mit Meersalz bestreuen. Mit den Wildzwiebelperlen, einem
Zweig Weinbergschnittlauchsamen sowie
frischem Weinbergschnittlauch garnieren.

Tipp:
Dazu serviere ich Kartoffelpfannkuchen mit
Wildzwiebeln (Rezept Seite 71).

Schlehenblütenmousse in Mandelhippe

40 g Schlehenblüten
150 ml Weißwein
50 g Zucker
3 Blatt Gelatine, kurz in kaltem Wasser
eingeweicht
200 ml Sahne, steif geschlagen
1 EL Amarettolikör

Mandelhippen:
100 g Butter
100 g Zucker
100 g Honig
100 g Weizenmehl Type 550
100 g Mandeln, gehackt
100 g getrocknete Schlehen

4 EL Schlehenkonfitüre
100 g frische Beeren der Saison

Die Schlehenblüten mit Weißwein und Zucker aufkochen. Vom Herd nehmen, die abgetropfte Gelatine darin auflösen. Zugedeckt
ein paar Minuten ziehen lassen, dann durch
ein Haarsieb streichen und abkühlen lassen.
Die steif geschlagene Sahne mit dem Amaret-
to darunterheben. Über Nacht kühl stellen.
Für die Mandelhippen Butter, Zucker und
Honig verrühren. Das gesiebte Mehl, die
Mandeln und die getrockneten Schlehen darunterrühren. Den Teig auf etwas Mehl zu
einer Rolle von 8 Zentimeter Durchmesser
formen. Kurz anfrieren, dann mit der Aufschnittmaschine oder einem sehr scharfen
Messer in ½ Zentimeter dicke Scheiben
schneiden und mit genügend Abstand auf
ein mit Backpapier ausgelegtes Blech legen.
Mit Frischhaltefolie bedecken und mit dem
Nudelholz zu 12–15 Zentimeter Durchmesser
ausrollen. Die Folie entfernen und die Mandelhippen im Backofen bei 160 Grad etwa
15 Minuten goldgelb backen. Noch warm zu
Füllhörnern (Cornets) formen. Die Schle-
henblütenmousse mit einem Spritzbeutel
in die Hippen füllen. Mit Schlehenkonfitüre
und frischen Beeren garniert anrichten.

Schlehe
Prunus spinosa

*Die Früchte werden nach dem ers-
ten Frost geerntet und zu Desserts
oder zu meinen »Eifel-Oliven«
verarbeitet. Aus den Früchten wird
auch ein hochwertiger Schlehen-
brand hergestellt. Die kleinen
»Mandeln« im Inneren des Steins,
die ein ausgeprägtes Bittermandel-
aroma besitzen, verwende ich
an der Stelle von Bittermandeln
in Desserts.*

Wasserpfeffer
Polygonum hydropiper

*Aufgrund seines pfeffrig-scharfen
Geschmacks ist der Wasserpfeffer
eine gute Ergänzung zu milden
Kräutern wie Oregano, Feldthymian
und Wiesensalbei, die dadurch
besser zur Geltung kommen. Suppen
und Saucen verleiht er Pfiff. Er
wird nur selten im Ganzen zubereitet, da er schnell faserig wird und
in diesem Fall vor dem Servieren
abgesiebt werden muss. Da er mit
Sauerampfer, Rhabarber und
Buchweizen verwandt ist, verwende
ich ihn gerne mit diesen.*

✦

Wilder grüner Spargel
Asparagus officinalis

Es ist jedes Mal aufregend, wilden Spargel zu entdecken und zu ernten. Ein wahrer Genuss! Spargel kann auch roh verzehrt werden. Zur Verwendung als gekochtes Spargelgemüse erntet man die Triebe mit dem geschlossenen Knospenansatz. Erst später bildet sich das filigrane Kraut, das gerne für Blumenbouquets benutzt wird.

Spargel und Morcheln mit Waldlakritzsauce

400 g wilder grüner Spargel, geschält
Meersalz, Zucker
1 EL Zitronensaft

Waldlakritzsauce:
10 g Tüpfelfarnwurzel, klein geschnitten
100 g Petersilienwurzel, klein geschnitten
2 Schalotten, klein geschnitten
40 g Butter
1 EL Zucker
1 EL Weinessig
100 ml Weißwein
200 ml Spargelkochfond
50 ml Vollmilch
1 Lorbeerblatt
2 Stück Nelkenwurzwurzel
Meersalz, Pfeffer aus der Mühle

100 ml Sahne
1 TL Maisstärke
1 EL Pastis (Anislikör)
10 g Tüpfelfarn
1 EL Zucker
1 Prise Kurkuma
1 EL Zitronensaft
60 g Butter
Meersalz, weißer Pfeffer aus der Mühle

Morcheln:
2 EL Butter
250 g Morcheln, gründlich gewaschen
Meersalz, Pfeffer aus der Mühle

Den Spargel in Salzwasser mit etwas Salz, Zucker und dem Zitronensaft 3–4 Minuten bissfest kochen. Die Spargelenden schräg abschneiden und warm halten.

Für die Sauce Tüpfelfarn- und Petersilienwurzel zusammen mit den Schalotten in der Butter andünsten. Den Zucker beifügen und leicht karamellisieren lassen. Mit Essig und Weißwein ablöschen, den Spargelkochfond, Milch, Lorbeerblatt und Nelkenwurz dazugeben, würzen und etwa 15 Minuten zugedeckt köcheln lassen. Mit dem Pürierstab mixen und durch ein Sieb streichen.
Zum Fertigstellen der Sauce die Sahne dazugeben, die Maisstärke mit dem Pastis verrühren und die Sauce damit andicken. Den Tüpfelfarn mit Zucker, Kurkuma und Zitronensaft pürieren. Zur Sauce geben, aufkochen und Butter in Flocken darunterrühren. Abschmecken.
Die Butter aufschäumen lassen und die Morcheln darin 3–4 Minuten anbraten. Würzen.
Zum Anrichten etwas Waldlakritzsauce auf die Teller geben. Den Spargel darauf anrichten und einzelne Morcheln darüber verteilen.

❧

Arme Ritter mit Steinklee

½ l Vollmilch
50 g Rohrzucker
20 g Steinkleeblüten, getrocknet
8 Scheiben Toastbrot
3 Eier, verquirlt
20 g Butter
80 ml Sonnenblumenöl
Puderzucker

Die Milch mit dem Zucker und den Steinkleeblüten aufkochen und zugedeckt 15 Minuten ziehen lassen.
Das Toastbrot in eine tiefe Form legen, mit der Milchmischung beträufeln und 10 Minuten ziehen lassen, dabei das Toastbrot vorsichtig wenden.
In einer Pfanne Butter und Öl erhitzen.
Die eingeweichten Toastbrotscheiben durch das verquirlte Ei ziehen und von beiden Seiten goldgelb backen. Mit Puderzucker bestreut servieren.

Tipp:
Dazu Eis und eine Berberitzen- oder Sanddornsauce (siehe Rezept Sanddornquark mit Mispelrolle, Seite 109) servieren.

Steinklee-Quarkcreme

¼ l Sahne
2 EL getrocknete Steinkleeblüten
80 g Rohrzucker
1 Prise Meersalz
250 g Sahnequark

Die Sahne mit den Steinkleeblüten, Zucker und Salz aufkochen und auf 100 Milliliter einkochen. Durch ein Haarsieb streichen und mit dem Sahnequark verrühren.

Tipp:
Schmeckt fein zu Fruchtdesserts und Kuchen.

Steinklee
Melilotus albus

Im Sommer ein würdiger Nachfolger des Waldmeisters, der auch genau wie dieser verwendet wird. Nach dem Trocknen entfalten die Blätter und Blüten des Steinklees einen vanilleähnlichen Duft, der durch das in ihnen enthaltene Cumarin erzeugt wird.

+~+

Storchschnabel
Geranium pratense, Geranium robertianum

Diese zierlichen, zarten Verwandten der Ziergeranie finden in der Küche zu Dekorationszwecken vor allem für Vorspeisen und Cocktails Verwendung. Heute werden zahlreiche Duftgeranien kultiviert, die vor allem im jungen Zustand auch essbar sind.

Fasanenbrust mit Storchschnabelsalat

4 Fasanenbrüste
2 Schalotten, längs halbiert
2 EL Öl
1 EL Butter

Rouennaiser Vinaigrette:
je 2 Fasanenlebern und -herzen, klein geschnitten
1 Schalotte, gehackt
2 Champignons, klein geschnitten
Butter
100 ml Sonnenblumenöl
2 EL Essig
¼ l Fasanen- oder Geflügelfond

Salat:
4 Handvoll Vogelmiere, gewaschen und trockengeschleudert
2 Handvoll Storchschnabel mit Blüten, gewaschen und trockengeschleudert
1 EL Weinessig
2 EL Distelöl
Meersalz, Pfeffer aus der Mühle

4 EL Berberitzen-Cumberlandsauce
(Rezept Seite 22)
Meersalz, Pfeffer aus der Mühle

Die Fasanenbrüste und die halbierten Schalotten in der heißen Öl-Butter-Mischung von allen Seiten kurz anbraten. Zugedeckt warm gehalten 5 Minuten ruhen lassen. So wird das Fleisch in der Mitte saftig und bleibt rosa.

Für die Rouennaiser Vinaigrette die klein geschnittenen Innereien mit Schalotte und Champignons in der Butter und etwas Sonnenblumenöl leicht rösten. Essig und Fond hinzufügen, aufkochen, pürieren, durch ein Sieb streichen und würzen. Dann das restliche Öl darunterrühren.

Kurz vor dem Servieren den Salat mit Essig, Öl und den Gewürzen mischen. Auf den Tellern anrichten, so dass man die Storchschnabelblüten schön sieht. Mit der Berberitzen-Cumberlandsauce und der Rouennaiser Vinaigrette jeweils einen Bogen auf die Teller ziehen. Darauf die aufgeschnittene Fasanenbrust und eine halbe Schalotte legen. Mit Meersalz und Pfeffer würzen.

Fasanenbrust mit Storchschnabelsalat

〜

Taubnessel, Weiße und Rote
Lamium album, L. purpureum

Die Blüten der Taubnessel können getrocknet zum Panieren von Geflügel und Fisch verwendet werden. Da sie sehr dekorativ sind, eignen sie sich auch zum Garnieren. Die zarten Stiele und die herb-aromatischen Blätter werden getrennt als delikates Gemüse zubereitet oder im Backofen getrocknet und als Gemüsechips serviert.

Taubnessel-Tomaten-Cannelloni

Nudelteig (siehe Grundrezepte)

Füllung:
240 g Taubnesselblätter
2 EL Olivenöl
1 TL Meersalz
1 TL Zucker
4 Tomaten
60 g Parmesan, gerieben
Meersalz, Puderzucker

Tomatensauce:
1 kleine Zwiebel, gehackt
1 EL Olivenöl
200 ml Wasser
2 Tomaten
1 Knoblauchzehe
2 Zweige Thymian oder wilder Oregano,
Blättchen abgezupft
Meersalz, Pfeffer aus der Mühle, Zucker

1 Handvoll Taubnesselblüten

Den haudünn ausgerollten Nudelteig in acht Rechtecke von 5 × 8 Zentimetern schneiden. In kochendem Salzwasser 2 Minuten al dente kochen (sie werden dabei etwa doppelt so groß), abgießen, in kaltem Wasser abkühlen und abtropfen lassen.
Für die Füllung die Taubnesselblätter im heißen Olivenöl mit etwas Wasser, dem Salz und Zucker 3–4 Minuten dünsten.
Von den Tomaten den Strunk entfernen, die Tomaten häuten und vierteln; Haut, Kerne und Saft für die Sauce bereithalten.

Für die Tomatensauce die Zwiebel im heißen Olivenöl glasig dünsten. Alle weiteren Zutaten zusammen mit Kernen, Haut und Saft der vorbereiteten Tomaten dazugeben und bei kleiner Hitze etwa 15 Minuten köcheln lassen. Pürieren und durch ein Sieb streichen. Die Sauce über die Tomatenviertel gießen und abschmecken.
Auf jede Nudelteigplatte gleichmäßig etwas Taubnesselfüllung verteilen und einrollen. In eine gebutterte Auflaufform setzen. Die Sauce und die Tomatenviertel darüber verteilen und mit dem Parmesan bestreuen. Im Backofen bei 180 Grad 25 Minuten garen. Mit Taubnesselblüten garniert servieren.

Knurrhahn mit Weißdornsauce und Taubnesseln

Weißdornsauce:
2 EL Zucker
100 ml Riesling
1 EL Zitronensaft
1 Handvoll Weißdornblätter und -blüten,
klein gezupft
¼ l Sahne

Taubnesseln:
250 g Taubnesseln
2 EL Olivenöl
1 TL Honig
Meersalz, Pfeffer aus der Mühle

12 Knurrhahnfilets à 60 g, gründlich
entgrätet
Meersalz, Pfeffer aus der Mühle
1 EL Sonnenblumenöl

Taubnesselblüten als Garnitur

Für die Weißdornsauce den Zucker leicht hell karamellisieren, mit Wein und Zitronensaft ablöschen. Weißdorn und Sahne dazugeben und die Sauce mit dem Mixstab leicht pürieren. Zugedeckt 10 Minuten ziehen lassen. Dann durch ein Sieb passieren und abschmecken.

Die Taubnesselblätter von den Stengeln schneiden. Die Stengel klein würfeln (benötigt werden 4 Esslöffel davon). Die Blätter und die Stengelwürfelchen getrennt in kochendem Salzwasser blanchieren. Abgießen und abtropfen lassen. Getrennt in etwas heißem Olivenöl dünsten und jeweils mit Honig, Meersalz und Pfeffer würzen. Warm halten.

Die Knurrhahnfilets auf der Hautseite würzen und im heißen Öl etwa 4 Minuten braten, bis die Haut knusprig ist. Wenn der Fisch auf der Fleischseite lauwarm ist, ist er auf den Punkt gegart und saftig. Mit Meersalz und Pfeffer würzen.

Die Weißdornsauce vor dem Anrichten mit dem Mixstab aufschäumen und in Tupfern auf die Teller setzen. Die Taubnesselwürfel als Linie quer über den Teller laufen lassen. Die Taubnesselblätter in der Mitte anrichten, zwei Knurrhahnfilets nebeneinander mit der Fleischseite nach oben darauflegen, das dritte Filet mit der Hautseite nach oben auf die beiden anderen Filets legen. Mit violetten Taubnesselblüten garnieren.

~

Thymian, Feldthymian, Quendel
Thymus pulegioides

Thymian ist nicht nur klassischer Bestandteil des Bouquet garni, des Kräutersträußchens, das vielen Zubereitungen Würze gibt. Auch süße Speisen wie Pralinen, Gelees, Mousse au Chocolat oder Sorbets erhalten durch die Beigabe von Thymian eine besondere, herb-würzige Note.

Mittelmeergemüse mit Feldthymian

1 kg Auberginen
500 g Zucchini
500 g grüne Paprika
200 ml Olivenöl
3 Zwiebeln
750 g Tomaten, gehäutet
1 Kräutersträußchen aus Feldthymian, Lorbeerblatt und Petersilie
1 Knoblauchzehe, gehackt
Pfeffer aus der Mühle, Meersalz
2 EL Feldthymianblätter, gehackt

Auberginen, Zucchini und Paprika in ½ Zentimeter dicke Scheiben schneiden. Nacheinander im Öl anbraten. Zwiebeln und Tomaten in ½ Zentimeter dicke Scheiben schneiden und zusammen mit dem Kräutersträußchen, Knoblauch, Pfeffer und etwas Meersalz hinzufügen. Zugedeckt auf kleiner Flamme 30 Minuten langsam schmoren lassen. Ab und zu umrühren und darauf achten, dass es nicht anbrennt. Nach 30 Minuten die fein gehackten Feldthymianblätter daruntermengen. Das Gemüse heiß oder kalt servieren.

Tipp:
Schmeckt köstlich mit pochierten Eiern und eignet sich auch als Füllung für ein Omelett.

Feldthymiangelee

100 g Feldthymian
1 l Wasser
100 g Puderzucker
30 g Pektin
400 g Rohrzucker
¼ l Zitronensaft

Den Thymian im Wasser aufkochen, zugedeckt abkühlen lassen, dann durch ein Sieb gießen. Den Thymianaufguss erneut erhitzen und auf ¾ Liter einkochen. Den Puderzucker mit dem Pektin mischen und knapp unter dem Siedepunkt kräftig unter die Thymianreduktion rühren, die Flüssigkeit darf dabei aber nicht mehr kochen. Rohrzucker und Zitronensaft darunterrühren. Sofort in Gläser abfüllen, verschließen und zum Abkühlen auf den Kopf stellen.

Tipp:
Hält sich, kühl gelagert, mehrere Monate.

Rehpraline mit Feldthymian

Rehpâté:

1 Schalotte, gewürfelt
1 Knoblauchzehe, gehackt
2 EL Olivenöl
250 g Rehfleisch, gewürfelt
5 cl Wacholderschnaps
1 TL Meersalz
Pfeffer aus der Mühle

150 g Schweinebauch, gehackt
60 g Rehhackfleisch
2 Eier
3 EL Semmelbrösel
1 EL Zucker
1 TL Meersalz
1 Bund Giersch, geschnitten
1 Nelke
1 Prise schwarzer Pfeffer aus der Mühle
10 – 15 Tannenspitzen, gehackt
1 Blatt Liebstöckel
3 Blätter Salbei
1 Zweig Thymian, abgezupfte Blätter

2 Scheiben Pumpernickel, zerbröselt
4 TL Feldthymiangelee (Rezept oben)
4 Thymianblüten

Für das Pâté Schalotte und Knoblauch im
Öl anbraten. Das Rehfleisch mit Schalotte,
Knoblauch, Wacholderschnaps, Meersalz
und Pfeffer mischen und über Nacht ziehen
lassen.
Den Schweinebauch mit dem Rehhackfleisch
und den weiteren Zutaten unter das eingelegte Rehfleisch mischen. In eine Terrinenform aus Ton füllen und zugedeckt im Backofen bei 80 Grad im Wasserbad 2 Stunden
garen. Abkühlen lassen.

Für die Rehpralinen vom Pâté kleine Portionen von etwa 2 Zentimeter Durchmesser
(ca. 15 Gramm) abstechen, zu Kugeln rollen
und im zerbröselten Pumpernickel wälzen.
(Um das ganze Pâté zu Pralinen zu verarbeiten, benötigen Sie 8 Pumpernickelscheiben
und 150 Gramm Feldthymiangelee. Es ergibt
dann 30 Pralinen.)
In China-Porzellanlöffel jeweils einen dicken
Tropfen Feldthymiangelee geben, eine Reh-
praline darauflegen und mit 1 Thymianblüte
garnieren.

Tipps:
Die Zubereitung des Pâtés in kleinerer Menge
lohnt sich nicht. Es hält sich aber im Kühl-
schrank etwa 1 Woche.
Sie können das Rehpaté auch direkt aus der
Terrinenform mit Baguette genießen oder
als Häppchen auf Baguettescheiben zu einem
Glas Wein reichen.

Thunfisch mit Feldthymian-Sauerkirschen

Thymian-Sauerkirschen:

1 kg Sauerkirschen, gewaschen, Stiele auf
2 cm gekürzt, seitlich eingeschnitten und
entsteint
600 ml Rotweinessig
½ l Wasser
250 g Muscovadozucker (brauner Rohrzucker
aus Mauritius)
20 g Pektin
1 Sternanis
½ TL Koriander
½ TL geriebene Muskatnuss
½ TL Szechuanpfeffer
1 Lorbeerblatt
1 Nelke
4 Zweige Feldthymian

Kirschvinaigrette:

200 ml passierte Kirschmarinade
100 ml Olivenöl
Meersalz

4 Scheiben Thunfisch à 150 g (ca. 3 cm dick)
Olivenöl
Meersalz, Pfeffer aus der Mühle
1 EL Feldthymianblätter
4 EL Thymiangelee (Rezept Seite 122)

Mandel-Gomasio (siehe Grundrezepte)
20 g Muscovadozucker
frische Wildkräuter, z.B. Dost, Giersch,
Resede, Schafgarbe, Vogelmiere

Für die Thymian-Sauerkirschen die Kirschen in einer Lage auf einem Backblech verteilen. Essig, Wasser, Zucker und Pektin in einem Topf aufkochen und auf etwa 1 Liter einkochen. Die Gewürze und den Feldthymian dazugeben und in der heißen Marinade 10 Minuten ziehen lassen. Die Marinade noch heiß über die Sauerkirschen gießen und abkühlen lassen.

Die Marinade von den Kirschen abgießen, 200 Milliliter davon abmessen und mit Olivenöl und Meersalz verrühren.
Den Thunfisch mit Öl bestreichen, mit Meersalz, Pfeffer, Feldthymianblättern und -gelee würzen. In einer heißen Pfanne von allen Seiten kurz und scharf anbraten.
Auf jeden Teller einige Sauerkirschen verteilen und mit Kirschmarinade überziehen. Mit Mandel-Gomasio und Muscovadozucker einen Streifen auf die Teller ziehen. Die Thunfischscheiben jeweils schräg halbieren und darauflegen, mit der Kirschvinaigrette umranden. Mit frischen Wildkräutern garnieren.

Tipp:

Es lohnt sich, von den Feldtymian-Sauerkirschen gleich eine größere Menge zuzubereiten. Die restlichen Sauerkirschen in Gläser füllen und 20 Minuten bei 80 Grad sterilisieren. So halten sie sich im Kühlschrank mehrere Monate.

Thunfisch mit Feldthymian-Sauerkirschen

Topinambur, Erdbirne
Helianthus tuberosus

Ihre zarten Blätter kann man im Frühjahr, blanchiert, als Spinat verwenden. Die Wurzelknolle gilt aufgrund ihres Insulingehalts als »Kartoffel der Diabetiker«. Unsere Nachbarin in der Normandie kochte die Topinamburknollen wie Salzkartoffeln und schwenkte sie anschließend in Crème fraîche. Très bon!

Tüpfelfarn
Polypodium vulgare

Die im Innern zartgrüne Wurzel (Rhizom) nenne ich aufgrund seines erstaunlich lang anhaltenden, angenehm süßlichen Aromas auch Süßholz des Waldes oder Waldlakritze. Man verwendet die gründlich gebürstete, gehackte Wurzel in kleinen Mengen. Bereits 3 bis 4 Gramm reichen aus, um 1 Liter Tomatensauce zu würzen. Sie kann in allen Zubereitungen als Ersatz für Ingwer verwendet werden.

Topinamburragout mit Liebstöckel

Topinamburragout:
2 Zwiebeln, klein gewürfelt
20 g Liebstöckel, klein geschnitten
4 Lauchzwiebeln, klein geschnitten
2 Tomaten, gehäutet, klein gewürfelt
3 Knoblauchzehen, fein gehackt
4 EL Olivenöl
500 g Topinambur, geschält, klein gewürfelt
100 ml Weißwein
¼ l Vollmilch
1 Prise Kurkuma
1 TL Meersalz
weißer Pfeffer aus der Mühle
1 Prise Chilipulver

Aïoli:
4 Eigelb
6 Knoblauchzehen
1 Prise Safranpulver
100 ml Olivenöl
Meersalz, weißer Pfeffer aus der Mühle

250 g Nordseekrabben
1 Bund Liebstöckel

Für das Topinamburragout Zwiebeln, Liebstöckel, Lauchzwiebeln, Tomaten und Knoblauch im Olivenöl glasig dünsten. Die Topinambur dazugeben, mit Wein und Milch ablöschen. Die Gewürze beifügen und im geschlossenen Topf bei kleiner Hitze 10 Minuten kochen.
Für das Aïoli die Eigelbe mit dem zerdrückten Knoblauch und dem Safran im Mixer pürieren. Das Olivenöl nach und nach wie bei der Zubereitung von Mayonnaise dazugeben. Mit Meersalz und Pfeffer abschmecken. Kurz vor dem Servieren das Aïoli mit dem Garsud der Topinambur verrühren. Bei mäßiger Hitze (etwa 70 Grad) unter ständigem Rühren andicken lassen. Topinambur, Krabben und Liebstöckel dazugeben, mischen und in tiefen Tellern anrichten.

Waldlakritz-Aprikosen

3 EL Zucker
150 ml Weißwein
100 ml Orangensaft
50 ml Mineralwasser
50 g Akazienblüten
½ Vanilleschote, ausgekratztes Mark
5 g Pappelknospen
5 g Tüpfelfarn, fein geschnitten
1 Prise Orangenschale, gerieben
1 EL Maisstärke
600 g Aprikosen, halbiert, entsteint

Den Zucker leicht karamellisieren. Mit Weißwein, Orangensaft und Mineralwasser ablöschen. Die Akazienblüten mit Vanillemark, Pappelknospen, Tüpfelfarn und Orangenschale dazugeben, aufkochen und alles etwa 1 Stunde ziehen lassen.
Die Maisstärke mit etwas kaltem Wasser anrühren, dazugeben und die Sauce andicken lassen. Die Sauce durch ein Sieb über die Aprikosen streichen und diese 20 Minuten darin ziehen lassen. Dann die Aprikosen herausheben und die Sauce auf 300 Milliliter einkochen.
Die Aprikosen mit der Waldlakritzsauce beträufelt anrichten.

Tipp:
Passt gut zu Crêpes und Waffeln.

Topinamburragout mit Liebstöckel

Goldrute

Solidago virgaurea

Da die Goldrute in ausgedehnten Beständen wächst, kann man sie gut in größerer Menge ernten. Die Stengel der jungen (höchstens 20 cm großen) Pflanze werden abgezogen und leicht blanchiert. Die Pflanze wird aufgrund ihrer harntreibenden Heilwirkung sehr geschätzt.

Maispoulardenkeule mit Goldrute und Waldlakritz

4 Maispoulardenkeulen à 200 g,
Oberschenkelknochen ausgelöst
Meersalz, Pfeffer aus der Mühle
2 EL Butter

Füllung:
20 g getrocknete Morcheln, gründlich gewaschen
2 EL Perlgraupen
2 Schalotten, fein gewürfelt
½ Karotte, geschält, fein gewürfelt
2 EL Butter
100 g Poulardenfleisch, fein gehackt
1 TL Rainfarnblüten
1 EL Wiesenschaumkraut, gehackt
Meersalz, Pfeffer aus der Mühle

Waldlakritzsauce:
1 Stück Süßholz, zerkleinert
10 g Tüpfelfarn
¼ l Geflügelfond
5 EL Weißwein
100 g Crème fraîche
1 TL Speisestärke, in etwas Wasser angerührt
50 g Butter

200 g Goldrute, Blätter bis auf die geschlossene Spitze entfernt, geschält
Meersalz, Zucker
40 g Butter

Garnitur:
12 frische Morcheln, gründlich gewaschen
Butter
2 TL Pilzpulver
4 kleine Tüpfelfarnwurzeln mit Kraut

Die Maispoulardenschenkel innen würzen. Für die Füllung die Morcheln in wenig Wasser kurz blanchieren. Die Perlgraupen in wenig Wasser weich kochen. Schalotten und Karotte in der Butter andünsten.

Alle Zutaten zur Füllung in einer Schüssel verrühren und würzen. Die Poulardenkeulen damit füllen und mit Küchengarn binden. Mit Butter bestreichen, mit Meersalz und Pfeffer würzen und in Alufolie einwickeln. 30 Minuten vor dem Servieren im vorgeheizten Backofen bei 180 Grad 12 Minuten garen, anschließend 5 Minuten ruhen lassen. Für die Sauce Süßholzwurzel, Tüpfelfarn, Geflügelfond und Weißwein in einen Topf geben und auf 100 Milliliter einkochen. Durch ein Sieb passieren. Die Crème fraîche dazugeben und die Sauce mit der angerührten Speisestärke binden. Die Sauce nochmals aufkochen und die Butter in Stückchen darunterziehen.

Die Goldrute in kochendem Salzwasser 1 Minute blanchieren. Abgießen, abtropfen und abkühlen lassen. Würzen. Vor dem Servieren in etwas Wasser und Butter erhitzen. Die Morcheln kurz in Butter braten. Mit der Waldlakritzsauce auf den Tellern mehrere Zickzacklinien ziehen. Einige Goldrutenzweige quer darüberlegen. Die Poulardenkeule tranchieren und auf den Tellern anrichten. Die Morcheln darüber verteilen und mit Pilzpulver bestreuen. Mit den Tüpfelfarnwurzeln garnieren.

Maispoulardenkeule mit Goldrute und Waldlakritz

〜

Vogelmiere
Stellaria media

Da das Kraut sehr zart und zerbrechlich ist, ist beim Waschen Vorsicht geboten. Besonders gut geeignet zur Verwendung in rohem Zustand, vor allem in Salaten. Gerne gebe ich etwas fein gehackte Vogelmiere ganz zum Schluss Suppen, Reisgerichten und Polenta bei. Zu Pesto püriert ergeben die Blätter zusammen mit den kleinen, schwarzen Samen einen attraktiven schwarz-grünen Kontrast.

Wachtelgalantine mit Vogelmiere

4 Wachteln, küchenfertig, vom Rückenknochen aus entbeint
4 TL Honig
Meersalz, Pfeffer aus der Mühle
100 g Vogelmiere, geputzt
2 TL Sonnenblumenöl
4 Blatt Gelatine, kurz in kaltem Wasser eingeweicht

Kräuterremoulade:
1 Zwiebel, gewürfelt
Öl
2 Eigelb
1 TL Senf
Meersalz, weißer Pfeffer aus der Mühle
1 EL Essig
100 ml Öl
1 hart gekochtes Ei, fein gewürfelt
1 Gewürzgurke, fein gewürfelt
1 EL Rheinkapern (Rezept Seite 66)
20 Gänseblümchen, fein gehackt
je 1 TL Giersch, Wiesenkerbel und Pimpernelle, fein gehackt

Garnitur:
8 Zuckermaiskolben, blanchiert, längs halbiert
einige Salatblätter

Das Wachtelfleisch mit dem Honig bestreichen, mit Meersalz und Pfeffer würzen. Die Vogelmiere im Sonnenblumenöl andünsten, würzen, die abgetropfte Gelatine darunterziehen.

Ein Stück Klarsichtfolie auf die Arbeitsplatte legen. 2 Wachteln aufgeklappt mit der Hautseite nach unten auf die Folie legen, die Vogelmiere darauf verteilen, die beiden anderen Wachteln mit der Hautseite nach oben darauf legen. Einrollen, in die Klarsichtfolie einwickeln, in eine Kastenform legen und im vorgeheizten Backofen bei 80 Grad 25 Minuten garen. Anschließend im Kühlschrank abkühlen lassen.

Für die Kräuterremoulade sollten alle Zutaten Raumtemperatur haben. Die Zwiebel in Öl glasig dünsten. Eigelbe, Senf, Salz, Pfeffer und Essig mit dem Handmixer verrühren. Unter ständigem Rühren das Öl in dünnem Strahl einlaufen lassen. Ei, Gewürzgurke, Zwiebel, Rheinkapern, Gänseblümchen und die Kräuter dazugeben. Nochmals abschmecken.

Die Wachtel-Galantine in Scheiben schneiden und zusammen mit den Zuckermaiskolben auf Salatblättern anrichten. Die Kräuterremoulade in einer Sauciere dazu reichen.

Hinweis:
Als Galantine bezeichnet man ein entbeintes, mit einer Farce gefülltes und üblicherweise eingerolltes ganzes Stück von Fleisch oder Geflügel, das anschließend pochiert und aufgeschnitten serviert wird.

+~+

+~+

Rehbraten
mit Wacholder

Gewürzsalz:
1 Nelke
1 Lorbeerblatt
1 Thymianzweig
1 Knoblauchzehe
10 g Tannenspitzen
1 EL Zucker
1 EL Meersalz
1 TL schwarze Pfefferkörner

Rehbraten:
800 g Rehschulter ausgelöst
Sonnenblumenöl

Sauce:
2 EL Sonnenblumenöl
2 Zwiebeln, gewürfelt
1 Karotte, geschält, gewürfelt
1 Stange Staudensellerie, in breite Stücke
geschnitten
1 Wacholderzweig
¼ l Rotwein
¾ l Wildfond

Für das Gewürzsalz alle Zutaten im Mörser
zerkleinern. Die Rehschulter damit einreiben, zusammenrollen und mit Küchengarn binden. Mindestens einen Tag im
Kühlschrank ziehen lassen.
In einem Bräter Sonnenblumenöl erhitzen
und den Rehbraten von allen Seiten anbraten. Zwiebeln, Karotte, Sellerie und den
Wacholderzweig dazugeben, mit Rotwein und
Wildfond ablöschen und aufkochen. Zugedeckt im Backofen bei 75 Grad etwa 4 Stunden langsam garen. Den Garzustand mit einer Nadel oder einem spitzen Messer prüfen:
Es muss sich, an die Lippe gehalten, lauwarm
anfühlen. Den Rehbraten herausnehmen
und in Alufolie eingewickelt ruhen lassen,
damit er saftig bleibt. Den Bratenfond in ein
Pfännchen abgießen, auf Saucendicke einkochen, durch ein Sieb passieren und nochmals
einkochen. Abschmecken.

Waldkressesauce
mit Meerrettich

50 g Waldkresse
25 g Meerrettichwurzel, geschält, geraspelt
Saft von 1 Zitrone
5 EL Öl
1 EL Sahne
Meersalz, weißer Pfeffer aus der Mühle

Alle Zutaten in der Küchenmaschine cremig
pürieren. Abschmecken.

Tipp:
Passt perfekt zu Räucherlachs oder zu einer
Fischpastete.

Kräuterquark

500 g Magerquark
1 TL Meersalz
2 Prisen schwarzer Pfeffer aus der Mühle
4 EL Olivenöl
25 g Wildkräuter, z.B. Brennnessel, Dost
und Waldkresse, fein gehackt

feine Bärlauchblätter und -blüten zum
Garnieren

Den Quark mit Meersalz, Pfeffer und Olivenöl gut verrühren. Die gehackten Kräuter
daruntermischen.
Den Quark in kleine Schälchen füllen und
mit Bärlauchblättern und -blüten garnieren.

Tipp:
Der Kräuterquark kann auch in Bärlauchblätter eingerollt und als Röllchen serviert
werden.

Wacholder
Juniperus communis

*Die klassische Würze für Sauer-
kraut oder in Essig eingelegtes Gemüse. Grob zerkleinert, mit Öl und
Meersalz gemischt, unterstreicht
Wacholder den Wildgeschmack,
etwa von Fasan und Wachtel, und
gibt fein dosiert auch Desserts eine
besondere Note. Aus Wacholder
werden zudem Destillate wie zum
Beispiel Gin hergestellt.*

Waldkresse
*Cardamine sylvatica,
C. hirsuta*

*Dieses sehr würzige Winterkraut
verleiht im Ganzen Kräutersalaten
eine pikante Note oder ergibt fein
gehackt eine schöne Waldkresse-
butter. In der warmen Küche verwende ich es gehackt in Füllungen,
zum Beispiel für Maultaschen, oder
füge es am Ende der Zubereitung
Suppen zu, um ihnen etwas Schärfe
zu verleihen.*

~✚~

Waldmeister
Galium odoratum

Einer der Klassiker unter den Wildkräutern. Da er in kurzer Zeit in großen Mengen verfügbar ist, erntet und trocknet man ihn am besten locker ausgelegt auf Vorrat. Vor der Blüte hat er das feinste Aroma, einen eleganten, an Vanille erinnernden Duft, der vom Cumarin herrührt, das auch in Steinklee und Tonkabohne enthalten ist. Früher diente Waldmeister als Beigabe zu Pfeifentabak oder in Alkohol eingelegt zur Likörherstellung. In Verbindung mit Alkohol entfaltet er sein Aroma am besten. Ich verwende ihn sehr gerne zur Herstellung von Desserts und als Beigabe zu Wildpatés. Frisch verwendet können größere Mengen Waldmeister Kopfschmerzen verursachen.

Waldmeistercreme und -sorbet mit Reiskrokant

Reiskrokant:
40 g Zucker
60 g Puffreis

Waldmeistercreme:
¼ l Vollmilch
30 g Waldmeister, getrocknet
5 Eigelb
150 g Zucker
4 Blatt Gelatine, kurz in kaltem Wasser eingeweicht
400 ml Sahne, steif geschlagen

Reisschaum:
75 g Rundkornreis
400 ml Vollmilch
70 g Zucker
150 ml Sahne
150 ml Vollmilch

Waldmeistersorbet:
¼ l Wasser
20 g Waldmeister, getrocknet
¼ l Weißwein
125 g Zucker
75 g Glukose (aus der Konditorei)
Saft von 2 Zitronen
20 g frischer Waldmeister, fein gehackt

12 Erdbeeren, in feine Scheiben geschnitten
Puderzucker
100 ml Walderdbeersauce (siehe Rezept Waldengelwurzparfait, Seite 35)
15 g Pistazien, gehackt
4 Waldmeisterspitzen

Für den Reiskrokant den Zucker karamellisieren. Abseits des Herds den Puffreis einrühren. Auf einem mit Backpapier ausgelegten Blech verteilen und abkühlen lassen. In Portionen von etwa 20 Gramm aufteilen. Wieder auf ein Backblech legen und im Backofen bei 150 Grad erhitzen, damit der Karamell weich wird. Zu Riegeln von 3 × 10 Zentimeter formen und abkühlen lassen.

Für die Waldmeistercreme die Milch mit dem Waldmeister aufkochen. Zugedeckt 10 Minuten ziehen lassen, dann durch ein Haarsieb gießen. Die Eigelbe mit dem Zucker kräftig verrühren. Die Waldmeistermilch darunterrühren und im Topf kurz vor dem Siedepunkt einige Minuten eindicken lassen. Die abgetropfte Gelatine in der warmen Creme auflösen. Abkühlen lassen und, bevor die Creme fest wird, die steif geschlagene Sahne darunterheben.

Für den Reisschaum den Reis im Wok gleichmäßig goldbraun rösten. Die Milch und den Zucker hinzufügen und den Reis langsam gar ziehen lassen. Die Sahne und die zweite Portion Vollmilch hinzufügen und cremig pürieren. Durch ein Haarsieb passieren und, falls die Masse zu fest ist, noch etwas Milch dazugießen.

Für das Sorbet zunächst einen Waldmeisterauszug herstellen: Das Wasser aufkochen, den Waldmeister hineingeben und zugedeckt 10 Minuten ziehen lassen. Durch ein Sieb abgießen und den Weißwein hinzufügen. Zucker, Glukose und Zitronensaft darin auflösen und abkühlen lassen. Zuletzt den frischen Waldmeister darunterrühren und die Masse einfrieren.

Mit einer Spritztülle (1 Zentimeter Durchmesser) 3 Streifen Waldmeistercreme auf den Reiskrokant spritzen. Mit den Erdbeerscheiben belegen und mit Puderzucker bestäuben. Auf einen Teller legen und mit Erdbeersauce und Erdbeeren umranden. Eine Kugel Waldmeistersorbet dazulegen und mit den gehackten Pistazien und einer Waldmeisterspitze garnieren.

Waldmeistercreme und -sorbet mit Reiskrokant

Walnuss
Juglans regia

Der Walnussbaum wurde seit alter Zeit rund ums Jahr genutzt. Bereits die grünen, unreifen Nüsse lassen sich in der Küche verwenden. Die daraus hergestellte Walnuss-Tapenade ist bei unseren Gästen ein beliebter Klassiker. Die Blätter ergeben, mit Rotwein, Calvados und Zucker eingelegt, einen aromatischen Aperitif.

Orangen-Waldmeister-Sauce

50 g Zucker
Saft von 1 Zitrone
200 ml Blutorangensaft
5 g Waldmeister, getrocknet
1 TL Maisstärke, in etwas kaltem Wasser
angerührt

Den Zucker hellgelb karamellisieren. Mit Zitronen- und Blutorangensaft ablöschen. Den getrockneten Waldmeister dazugeben. Alles mit dem Pürierstab grob zerkleinern und 15 Minuten ziehen lassen. Dann durch ein Sieb passieren, mit der angerührten Maisstärke binden und abkühlen lassen.

Tipp:
Die Sauce passt sehr gut zu Schokoladen- und Quarkdesserts.

Grüne Walnüsse in schwarzem Walnusssirup

250 g grüne Walnüsse, 2 mm dünne Scheiben
geschnitten
¼ l Wasser
¼ l Rotwein
1 EL Essig
250 g Zucker
1 Handvoll gemischte Wildkräuter: Beifußblüten, Kirschlorbeer, gelbes Labkraut,
Lindenblüten, Pappelblätter, Schafgarbenblüten, Tüpfelfarnwurzel und Wildmöhren-
blüten
1 Sternanis
1 TL Korianderkörner
1 TL Meersalz
1 Nelke

Die grünen Walnussscheiben über Nacht wässern. Dann abgießen und abtropfen lassen.
Wasser, Wein, Essig, Zucker, Kräuter und Gewürze zusammen aufkochen. Zugedeckt abkühlen lassen und durch ein Sieb abgießen. Den Sirup dickflüssig einkochen. Die Walnussscheiben in den Kräutersirup geben und 1 Minute mitkochen lassen. In verschließbare Gläser füllen und mindestens 2 Tage ziehen lassen. Hält sich gekühlt mehrere Monate.

Tipps:
Schmeckt am besten nach mehreren Monaten. Die Nussscheiben kann man zum Beispiel gut für Crème brûlée, Marzipanfüllung, Eis oder als Beilage zu Wild verwenden.

Hinweise:
Die »grünen Walnüsse« sind unreife Früchte, die im noch keine holzige Schale gebildet haben. Sie müssen Ende Mai, Anfang Juni gepflückt werden.
Beim Kochen oxidieren die Walnussscheiben, werden dunkel und nach und nach ganz schwarz. Speisen geben sie dadurch einen besonders attraktiven Farbkontrast.

Grüne Walnusstarte

300 g süßer Mürbeteig (siehe Grundrezepte)
2 grüne Walnüsse (siehe Rezept oben),
in Scheiben geschnitten
200 g Walnusskerne, grob gehackt
150 ml schwarzer Walnusssirup (Rezept
oben)
5 Eier
1 EL Walnussöl
2 EL Maisstärke
100 g Butter
1 EL Zucker

Eine Tarteform mit dem Mürbeteig auslegen und mit den grünen Walnussscheiben
belegen. Die gehackten Walnusskerne leicht
rösten und darauf verteilen.
Den Walnusssirup mit den Eiern, dem Walnussöl und der Maisstärke über mäßiger
Hitze dick schaumig aufschlagen. Die Butter
leicht bräunen und dazugeben. Die Mischung
auf den Teigboden gießen und mit dem Zucker bestreuen. Im Backofen bei 180 Grad
25 Minuten backen.

Walnussparfait mit schwarzen Nüssen

Walnusskrokant:
250 g Walnusskerne, zerstoßen
50 g Zucker

Parfait:
8 EL Walnusssirup (Rezept oben)
4 Eigelb
50 g Rohrzucker
400 ml Sahne, steif geschlagen
2 EL Cognac

Garnitur:
8 schwarze Walnüsse und Sirup
(Rezept oben)
4 eingelegte Weinbergpfirsiche
(Rezept Seite 112)
20 g Schokoladenkuvertüre, geschmolzen

Für den Krokant die Walnusskerne mit
dem Zucker in einem Topf karamellisieren.
Auf einem geölten Backblech abkühlen
lassen. Dann grob hacken.
Für das Parfait den Walnusssirup mit den
Eigelben und dem Zucker über einem etwa
60 Grad heißen Wasserbad schaumig und
dick cremig aufschlagen. Die Schüssel auf Eis-
würfel stellen und die Creme weiterschlagen.
Die steif geschlagene Sahne, den Cognac
und den zerkleinerten Walnusskrokant darunterheben. Die Masse in Portionierringe
füllen und gefrieren lassen. (Man kann
die ganze Masse auch in einer Kastenform
gefrieren.)
4 der schwarzen Walnüsse in Scheiben
schneiden und auf die Teller legen. Jeweils
1 ganze schwarze Walnuss dazulegen. Mit
dem Sirup umranden und den eingelegten
Weinbergpfirsich dazulegen. Das Parfait
aus den Portionierringen lösen und auf die
Teller setzen. Mit einem Spritzbeutel mit
feiner Tülle dünne Schokoladenfäden über
das Parfait ziehen.

〜

Wassermiere, Wasserdarm
Stellaria aquatica

Das leicht süßlich, nach Süßholz schmeckende Kraut ist sehr zart und dekorativ und eignet sich daher besonders gut roh und im Ganzen zum Beispiel für Salate. Aber auch fein gehackt verleiht es Suppen und Saucen einen besonderen Geschmack. Größere Mengen können, in Maiskeimöl mit etwas Honig und Salz gedünstet, als Beilage zu Fisch und Geflügel serviert werden.

Oktopus mit Wassermierensalat

1,2 kg Oktopus (Tintenfisch), küchenfertig
4 EL Olivenöl
1 Fenchelknolle, grob gewürfelt
1 Stange Lauch, grob geschnitten
1 Zwiebel, grob gewürfelt
2 Knoblauchzehen
200 ml trockener Weißwein
100 ml Weinessig
Bouquet garni aus 1 Bund Dost, 1 Bund Giersch und 1 Lorbeerblatt
2 EL grüne Bärenklausamen
2 Nelken
2 Sternanis
2 EL Korianderkörner
1 TL Pfefferkörner
Meersalz
Olivenöl
Pfeffer aus der Mühle

Baguettechips:
1 Baguette vom Vortag, in ½ cm dicke Scheiben geschnitten
50 g Butter
1 EL Olivenöl

Kräutersalat:
3 Stangen Staudensellerie, klein gewürfelt
½ Fenchelknolle, klein gewürfelt
1 kleine Zwiebel, klein gewürfelt
Olivenöl
4 Tomaten, halbiert, entkernt, längs in schmale Streifen geschnitten
50 g Rote Oliven (Rezept Seite 69)
2 Handvoll Wassermiere, Wiesenbocksbart, Giersch, Pastinakenkraut und weiße Melde
Meersalz, Pfeffer aus der Mühle
Zuckerrübenessig oder Weinessig

Den Oktopus in einem großen Topf im heißen Olivenöl anbraten. Das gewürfelte Gemüse und die Knoblauchzehen kurz mitbraten. Mit Weißwein und Essig ablöschen und so viel Wasser hinzufügen, dass der Oktopus bedeckt ist. Einmal aufkochen lassen, dann das Bouquet garni und die Gewürze hinzufügen und 60–70 Minuten bei geringer Hitze weich kochen. Den Oktopus aus dem Sud nehmen und abtropfen lassen, dann grob zerteilen, salzen und pfeffern. In eine Form legen und, mit Frischhaltefolie abgedeckt und gleichmäßig beschwert, über Nacht kühl stellen.

Den Oktopus 30 Minuten vor dem Servieren aus dem Kühlschrank nehmen und in etwa ½ Zentimeter dicke Scheiben schneiden. Auf Tellern anrichten, mit etwas Olivenöl bestreichen und mit grob gemahlenem Pfeffer bestreuen.

Die Baguettescheiben in Butter und Olivenöl goldbraun braten.

Für den Kräutersalat Sellerie, Fenchel und Zwiebel 2–3 Minuten in Olivenöl andünsten. Mit den Tomaten, den Roten Oliven und den Kräuterblättern mischen. Den Salat kurz vor dem Servieren mit Salz und Pfeffer würzen und mit etwas Olivenöl und Essig anmachen. Neben dem Oktopus anrichten und die Baguettechips darauflegen.

Spitzwegerichknospen in Olivenöl

Für 7 Gläser à 125 ml

300 g Spitzwegerichknospen, mit 1 cm Stiel
schwarz und noch geschlossen geerntet
1 EL feines Meersalz
¼ l Olivenöl

Die Spitzwegerichknospen mit dem Meersalz
mischen und 3 Tage im Kühlschrank ziehen
lassen. Die Einmachgläser damit zur Hälfte
füllen. Mit dem Olivenöl bedecken, verschließen und 15 Minuten bei 75–80 Grad einkochen.

Tipps:
Wegen ihres typischen Champignonaromas
passen diese Knospen ausgezeichnet zu
rohem Champignonsalat.
Das aromatisierte Olivenöl passt auch sehr
gut zu Käse, wie Camembert.
Das Öl ist ein guter Ersatz für Trüffelöl.

Feldcurrygewürz

Jeweils 10 g:
Ackersenfsamen
grüne Bärenklausamen
Breitwegerichsamen
Engelwurzsamen
Gierschsamen
Pastinakensamen
Steinkleesamen
Wiesenkerbelsamen
Wildmöhrensamen

10 g Kurkumapulver

Die Samen gut trocknen. Dann im Wok unter
ständigem Rühren leicht rösten, bis sich die
Duftstoffe entfalten. Im Mörser oder Cutter
zerkleinern und mit dem Kurkuma vermischen.
Das Currygewürz hält sich fest verschlossen
mehrere Monate.

Tipp:
Das Feldcurry wie Currypulver zum Würzen
von Geflügel, Lamm, Fisch, Gemüse und
Suppen verwenden.

Spitzwegerich
Plantago lanceolata

*Die würzigen, zarten Blättchen
werden in Salaten und Suppen
verwendet; sie sind besonders reich
an Kalium. Die Blütenknospen
können wie Kapern eingelegt
werden. Den Saft aus den gepress-
ten Blättern verwende ich für
Cocktails; er besitzt eine heilende
Wirkung bei Husten und Hals-
schmerzen.*

Wegwartencreme mit Espresso

~~

Wegwartencreme mit Espresso

Creme:
100 g Zucker
40 g Wegwartenwurzel, klein geschnitten
400 ml Espresso
3 Eier

Weiße Schokoladenmousse:
200 g weiße Schokolade
300 ml Sahne
12 Wegwartenblüten, abgezupft

Lutscher:
100 g Zucker
4 Wegwartenzweige mit Blüte
1 TL Zitronensaft

Für die Creme den Zucker in einem Topf, mit etwas Wasser befeuchtet, hell karamellisieren. Die Wegwarte mit dem Espresso dazugeben, aufkochen, pürieren und durch ein Sieb streichen. Die Eier darunterrühren. Die Creme bis zu einem Drittel der Höhe in feuerfeste Förmchen füllen. Im Backofen bei 90 Grad etwa 30 Minuten stocken lassen. Im Kühlschrank auskühlen lassen.
Für die Schokoladenmousse die weiße Schokolade auf dem Herd in einem Topf in der Sahne bei milder Hitze auflösen; die Sahne darf dabei nicht kochen. Anschließend die Masse mindestens 24 Stunden kühl stellen. Dann steif schlagen und die Wegwartenblüten darunterheben. Kühl stellen. Für die Lutscher den Zucker mit etwas Wasser anfeuchten und leicht karamellisieren. Die Wegwartenblüten mit dem Zitronensaft dazugeben. Leicht abkühlen lassen. Damit sich die Masse leichter wickeln lässt, eventuell auf einem Backblech noch einmal etwas erwärmen und um die Wegwartenstiele wickeln.
Vor dem Servieren die Mousse in einen Spritzbeutel füllen und auf die Creme in den Förmchen verteilen. Zusammen mit den Lutschern servieren.

Jakobsmuschel auf Wegwartengemüse

4 Handvoll Wegwartenblätter, grob geschnitten
1 Prise Speisenatron
200 ml Sahne
50 g Butter in Stückchen
Meersalz, Zucker

600 g Jakobsmuscheln, küchenfertig
4 getrocknete Stengel Wegwarte, ca. 20 cm lang
Salz, Pfeffer aus der Mühle
4 EL Butterschmalz

Garnitur:
2 EL Wegwartenblüten, gezupft

Die Wegwartenblätter in kochendem Natronwasser 5 Minuten weich kochen. Abschütten, in kaltem Wasser abschrecken und abtropfen lassen.
In einem Topf die blanchierte Wegwarte mit der Sahne cremig einkochen. Die Butterstückchen darunterrühren, mit Salz und Zucker abschmecken.
Die Jakobsmuscheln auf die Wegwartenstengel spießen und würzen. Im heißen Butterschmalz von beiden Seiten etwa 2 Minuten garen.
Zum Anrichten die Jakobsmuschelspieße auf das cremige Wegwartengemüse legen und mit Wegwartenblüten bestreuen.

Wegwarte
Cichorium intybus

Die mineralstoffreichen Blüten und Blätter werden als Beigabe zu Salaten verwendet. Die Wurzel dient, geputzt und geröstet, als Kaffee-Ersatz und wird in dieser Weise zum Beispiel in Desserts verwendet. Früher nannte man den daraus gebrühten Kaffee auch »Muckefuck«, von »mocca faux«.

Weinrebe
Vitis vinifera

Die Blätter lassen sich in Salz-wasser konservieren, um später mit verschiedenen Füllungen zubereitet zu werden. Die zarten Triebe kön-nen wie Kapern in Essig eingelegt werden.

Champagnertörtchen mit Rebenblüten

Für 10 Personen

Creme:
½ l Champagner
100 g Zucker
1 Ei
5 Eigelb
2 ½ Blatt Gelatine, kurz in kaltem Wasser eingeweicht
¼ l Sahne, steif geschlagen

süßer Mürbeteig (siehe Grundrezepte)
24 Löffelbiskuits, in 3 cm breite Stücke geschnitten
100 ml Champagner
1 Blatt Gelatine, eingeweicht

Kandierte Rebenblüten:
250 g Zucker
¼ l Wasser
10 Rebenblüten
Puderzucker

Für die Creme den Champagner mit dem Zucker auf die Hälfte einkochen und ab-kühlen lassen. Ei und Eigelbe beifügen und auf kleiner Hitze dick schaumig schlagen. Die abgetropfte Gelatine darin auflösen. Dann die Creme 15 Minuten in einer Schüssel mit Eiswasser abkühlen lassen. Die steif geschla-gene Sahne darunterheben.

Den Mürbeteig ausrollen und 10 Kreise von 5 Zentimeter Durchmesser ausstechen. Im Backofen bei 160 Grad 20 Minuten backen. Tortenringe von 5 cm Durchmesser (4 cm hoch) auf die Mürbeteigböden setzen. Mit den Löffelbiskuitstückchen, mit der Zucker-seite nach außen, auskleiden. Die Creme einfüllen und im Kühlschrank fest werden lassen.
Den Champagner erwärmen und die ab-getropfte Gelatine darin auflösen. Etwas abkühlen lassen, dann die Törtchen damit überziehen. Im Kühlschrank fest werden lassen.
Für die Rebenblüten den Zucker mit dem Wasser zu einem Sirup kochen. Die Reben-blüten 1 Minute darin ziehen lassen, abtrop-fen und auf ein mit Backpapier ausgelegtes Blech legen. Mit Puderzucker bestäuben und im Backofen bei 80 Grad etwa 1 Stunde trocknen lassen.
Die Törtchen mit den kandierten Reben-blüten anrichten.

~~

Weißdorn-Quarkcreme auf Sandkuchen

150 g Weißdornbeeren
100 ml Weißwein
100 ml Orangensaft
1 EL Zucker
2 EL Tresterbrand oder Cognac
150 g Sandkuchen (Backbruch), grob gewürfelt

500 g Sahnequark (20 % Fett)
4 EL Zucker
1 Vanilleschote, ausgekratztes Mark, oder
2 TL Vanilleextrakt
1 Prise Zimtpulver
150 ml Sahne, steif geschlagen

100 g Mandeln, gehobelt, geröstet
frische Beeren, z. B. Erdbeeren, Brombeeren oder rote Johannisbeeren

Die Weißdornbeeren mit Weißwein, Orangensaft und Zucker aufkochen. Durch ein Sieb streichen. Den Trester darunterrühren und alles über die Sandkuchenabschnitte geben.

Den Quark mit Zucker, Vanillemark und Zimt verrühren. Die steif geschlagene Sahne darunterheben.

In Cocktailgläser zuerst die marinierten Kuchenwürfel geben und mit der Quarkcreme auffüllen. Etwa 1 Stunde durchziehen lassen. Mit gerösteten Mandeln und Beeren garnieren

Weißdornblütensauce

2 EL Zucker
4 Handvoll Weißdornblüten
½ l Milch
200 ml Sahne
1 TL Speisestärke
50 g Butter in Stückchen
1 EL Zitronensaft
Meersalz

Den Zucker in einem Topf mit etwas Wasser leicht anfeuchten und hellgelb karamellisieren. Die Weißdornblüten, Milch und Sahne dazugeben und zugedeckt aufkochen. Das Ganze pürieren, durch ein Sieb streichen, zurück in den Topf geben und erneut erhitzen.

Die Speisestärke in etwas kaltem Wasser anrühren und die Sauce damit binden. Die Butterstückchen darunterrühren und mit Zitronensaft und Salz abschmecken.

Tipp:
Durch das Aroma der Blüten schmeckt die Sauce leicht nach Fisch und ist deshalb eine überraschende Begleitung zu Fisch. Sie passt aber auch sehr gut zu weißem Geflügel, Austern und Jakobsmuscheln.

Weißdorn
Crataegus laevigata

Der ausgeprägte Blütenduft passt hervorragend zu Fischgerichten und zu Saucen. Aus den Beeren stelle ich einen ganz besonderen Pesto her. In Alkohol eingelegt, verwende ich die Beeren für Aperitifs.

Wicke

Lathyrus sylvestris

Die Wicke mit ihrem filigranen Kraut gehört zu der Familie der Leguminosen und ist damit verwandt mit Linsen, Soja und Erbsen. In Indien ist sie oft Bestandteil des traditionellen Linsengerichts Dal. In Marokko serviert man sie in Salz eingelegt als Snack. Ich gebe die zarten Spitzen und Blütenknospen gerne zu Kräutersalaten. Gedünstet oder frittiert sind sie eine ideale Begleitung zu Erbsengerichten. Auch mit grünen und weißen Bohnen und Robinienblüten verwende ich die Wicke gerne.

Wildes Stiefmütterchen, Hornveilchen

Viola tricolor, V. cornuta, V. odorata

Alle drei Arten können in der gleichen Weise verwendet werden. Die typischen Blüten, die zarten, grünen Blätter und die Blütenknospen machen sich sehr gut im Salat. Kandiert, eignen sich die Blüten für alle Süßspeisen und Gebäcke und zum Dekorieren.

Kalbsfilet mit Honigzwiebeln und Kräuterbouquet

400 g Kalbsfilet
2 EL Wickensamen, geröstet
Meersalz, Pfefferkörner
Olivenöl

Sauce:
1 Schalotte, grob geschnitten
1 EL Weinessig
¼ l Kalbsfond
Meersalz, Pfeffer aus der Mühle

Honigzwiebeln:
2 rote Zwiebeln, längs in Schnitze geschnitten
1 EL Olivenöl
1 TL Honig
1 TL Koriander
2 EL Weinessig
Meersalz

Kräuterbouquets:
jeweils 4 kleine Zweige oder Blätter Wildkräuter der Saison (z. B. Fenchelkraut, Hornveilchen, Kamillenkraut, Pimpernelle, Taubnessel, Vogelmiere, Wickentriebe)
1 Handvoll langblättriger Feldsalat
8 Blätter Lollo rosso
1 lange, dünne Karotte, geschält, längs in vier dünne Bänder gehobelt
4 getrocknete kurze Kräuterstiele
4 EL Verjus-Vinaigrette (siehe Grundrezepte)

100 g blauer Kartoffelsalat (Rezept Seite 34)
4 EL Japanischer Knöterich auf indische Art (Rezept Seite 68)

Für das Kalbsfilet die Wickensamen mit Meersalz und Pfefferkörnern im Mörser zerstoßen und das Kalbsfilet damit würzen. In einem Bräter im heißen Olivenöl von allen Seiten anbraten, dann im Backofen bei 180 Grad

etwa 8 Minuten weitergaren. Es ist auf den Punkt rosa gegart, wenn es in der Mitte lauwarm ist (Nadelprobe machen). Aus dem Bräter nehmen und etwa 10 Minuten zugedeckt warm gestellt ruhen lassen.
Für die Sauce die Schalotte im verbliebenen Fett im Bräter leicht rösten. Mit Essig und Kalbsfond ablöschen und auf etwa 100 Milliliter einkochen. Durch ein Sieb gießen und abschmecken.
Die roten Zwiebeln im Olivenöl zusammen mit Honig und Koriander dünsten. Mit dem Essig ablöschen und 10 Minuten garen. Würzen.
Für die Kräuterbouquets die Kräuter zu vier Sträußchen zusammenfassen, Feldsalat und Lollo rosso darumlegen, mit den Karottenstreifen umwickeln und die Enden mit den getrockneten Kräuterstielen befestigen. Das Sträußchen unten geradeschneiden, so dass es auf dem Karottenband steht. Mit der Verjus-Vinaigrette beträufeln.
Mit der Sauce einen Streifen über die Teller ziehen. Die Kräuterbouquets auf die Teller stellen. Honigzwiebeln, blauen Kartoffelsalat und Knöterich dazulegen. Kalbsfilet in dünne Scheiben schneiden und fächerartig auf dem Kartoffelsalat anrichten. Mit Meersalz und Pfeffer würzen.

Kalbsfilet mit Honigzwiebeln und Kräuterbouquet

Taubenbrust mit Weiße-Bohnen-Mousse und Wickentempura

Weiße-Bohnen-Mousse:
200 g getrocknete weiße Bohnen,
über Nacht eingeweicht
1 Bouquet garni
80 g Butter
Meersalz, weißer Pfeffer aus der Mühle

Garnitur:
200 g frische grüne Bohnen
2 EL Maisöl
Meersalz, 1 EL grüner Pfeffer

Sauce:
¼ l Spätburgunder
4 Schalotten, gehackt
¼ l Geflügelfond
120 g Butter
Meersalz, Pfeffer aus der Mühle, Zucker

8 Taubenbrüste, küchenfertig
250 g Gänseleber, in 1 cm dicke Scheiben
geschnitten
Meersalz, Pfeffer aus der Mühle
1 EL Mehl
2 EL Maisöl

Tempura:
60 g Wickentriebe
100 g Tempurateig (siehe Grundrezepte)
1 l Öl
Meersalz, Schabzigerklee

4 Wickenranken mit Blüten

Für die Weiße-Bohnen-Mousse die Bohnenkerne abschütten und in frischem kaltem
Wasser aufkochen. Abschäumen, dann das
Bouquet garni dazugeben und die Bohnen
weich kochen. In ein Sieb schütten und abtropfen lassen. Die Bohnen mit den Butterstückchen im Mixer cremig pürieren. Mit
Salz und Pfeffer abschmecken.

Für die Garnitur die grünen Bohnen im
heißen Öl unter ständigem Rühren bissfest
dünsten. Mit Meersalz und grünem Pfeffer
würzen.
Für die Sauce den Wein mit den Schalotten
auf 50 Milliliter einkochen. Den Geflügelfond dazugeben und weiterkochen, bis
die Sauce auf etwa ¼ Liter reduziert ist. Mit
Butterstückchen kräftig aufschlagen. Mit
Meersalz, Pfeffer und Zucker abschmecken.
Etwa 15 Minuten vor dem Servieren die
Taubenbrüste auf der Hautseite 2 Minuten
braten. Die Pfanne vom Herd nehmen und
das Fleisch zugedeckt ziehen lassen. Die
Taubenbrust muss innen rosa sein, sonst ist
das Fleisch zäh.
Die Gänseleberscheiben würzen, im Mehl
wenden. Überschüssiges Mehl abklopfen
und die Gänseleber im heißen Öl von jeder
Seiten 1 Minute rosa braten. Zugedeckt warm
stellen.
Für die Tempura die Wickentriebe durch
den Tempurateig ziehen, abtropfen lassen
und im sehr heißen Öl frittieren. Auf
Küchenpapier abtropfen lassen, salzen und
mit 1 Prise Schabzigerklee bestreuen.
In die Mitte der Teller jeweils einen Esslöffel
Weiße-Bohnen-Mousse geben. Zwei Taubenbrüste schräg darauflegen. Mit einem Fä-
cher von grünen Bohnen und mit der Sauce
umranden. Mit den Wickenranken garnieren.

Zickleinkeule im Teigmantel mit Wickenpüree

Farce:

2 Zickleinnieren, geputzt, klein gewürfelt
Butter zum Braten
50 g Baguette, gewürfelt
1 Schalotte, gewürfelt
200 g Pfifferlinge, halbiert
20 g Giersch, gehackt
je 1 Zweig Feldthymian und Dost, Blätter abgezupft, gehackt
4 Blätter Wiesensalbei, fein geschnitten
6 EL Beifuß-Aperitif (Rezept Seite 19)
Meersalz, Pfeffer aus der Mühle

800 g Zickleinkeule, ausgebeint
(evtl. vom Metzger besorgen lassen)
Meersalz, Pfeffer aus der Mühle
Butter, flüssig
300 g Blätterteig
1 Eigelb
1 Prise Zucker
1 Prise Meersalz
2 EL Wasser

Thymiansauce:

150 ml Zickleinfond
1 EL Weinessig
1 Zweig Feldthymian
Meersalz, Pfeffer aus der Mühle

Wickenpüree:

100 g getrocknete Erbsen, über Nacht eingeweicht
1 Karotte, geschält
2 Zwiebeln, geviertelt
200 g tiefgekühlte Erbsen
250 g Wickenkraut
4 EL Sahne
5 EL Butter
Meersalz, 1 TL Zucker

Für die Farce die gewürfelten Nieren in der Butter andünsten. Die Baguettewürfel in Butter rösten. Schalotte und Pfifferlinge anbraten und die Kräuter dazugeben. Alle Zutaten der Farce vermengen und abschmecken. Die Zickleinkeule innen würzen und mit der Farce füllen. Die Öffnung mit Küchengarn zunähen. Die Keule mit Butter bestreichen und würzen. In einer Pfanne von allen Seiten kräftig braun anbraten, herausnehmen und dann abkühlen lassen.

Den Blätterteig ausrollen und die Keule darin einwickeln. Mit der Nahtseite nach unten auf ein Blech legen. Das Ei mit Zucker, Salz und Wasser vermischen und den Teig damit bestreichen. Mit einer Gabel den Teig gitterartig einritzen. Die Keule im Backofen bei 180 Grad 20 Minuten goldgelb backen. Herausnehmen und 10 Minuten ruhen lassen.

Für die Thymiansauce alle Zutaten zusammen aufkochen. Mit dem Mixstab pürieren, durch ein Sieb passieren und abschmecken. Inzwischen für das Wickenpüree die Erbsen abgießen, gut abspülen und abtropfen lassen. Zusammen mit Karotte und Zwiebeln in einen Topf geben, mit frischem Wasser bedecken und ohne Zugabe von Salz etwa 20 Minuten weich kochen. 2 Minuten vor Ende der Kochzeit die tiefgekühlten Erbsen und das Wickenkraut dazugeben. Karotte und Zwiebeln entfernen, die Erbsen in ein Sieb abgießen und abtropfen lassen, dann fein pürieren. Sahne und Butter dazugeben und mit Salz und Zucker abschmecken.

Von der Keule den Teigmantel entfernen und ein Stück davon auf jeden der vorgewärmten Teller legen. Das Küchengarn entfernen und die Keule aufschneiden. Das Wickenpüree in der Mitte der Teller anrichten, die Zickleinscheiben dazulegen und mit Thymiansauce umranden.

Tipp:
Falls Sie die Keule selbst ausbeinen wollen, mit dem Ausbeinmesser behutsam die Gelenkköpfe des Oberschenkelknochens freilegen. Rundherum das Fleisch vom Knochen lösen und dann den Knochen herausziehen.

Wiesenschaumkrautsuppe mit Haxenbällchen

 ~

Wiesenschaumkraut-suppe mit Haxenbällchen

Für 8 Personen

Haxenbällchen:
2 Schweinshaxen, gepökelt
1 Lorbeerblatt
1 Karotte, geschält
1 Kartoffel, geschält
1 Stange Lauch, grob zerkleinert
1 Stange Staudensellerie, grob zerkleinert
1 TL Korianderkörner
1 ½ l Wasser oder Gemüsebrühe
½ l Weißwein
1 TL Meersalz

30 g Ackersenfblätter, in Streifen
geschnitten
2 EL Senf
12 Blätter Minze
1 Schweinenetz, in 12 gleich große Stücke
geschnitten

Wiesenschaumkrautsuppe:
120 g Weißer Gänsefuß
50 g Bärenklau
50 g Giersch
1 Zwiebel, gewürfelt
1 Stange Lauch, weißer Teil, in Stücke
geschnitten
2 Kartoffeln, geschält, gewürfelt
5 Knoblauchzehen, zerkleinert
2 EL Olivenöl
100 ml Milch
1 l Haxenbrühe (Schweinebrühe)
100 ml Sahne
1 EL Butter
Meersalz, Pfeffer aus der Mühle,
Muskatnuss
25 g Wiesenschaumkraut

Wiesenschaumkraut- und Senfblüten als
Garnitur

Für die Haxenbällchen alle Zutaten in einen Topf geben und etwa 3 Stunden zugedeckt garen. Die Brühe durch ein Sieb abgießen und beiseite stellen. Mit einem Löffel die Schwarte von den Haxen entfernen. Das Fleisch und das Gemüse in Würfel schneiden, mit Ackersenf und Senf verrühren und abschmecken. Zu 24 Bällchen von etwa 4 Zentimeter Durchmesser formen. Jedes mit einem Minzenblatt belegen und in Schweinenetz einwickeln.

Die Stiele von Gänsefuß, Bärenklau und Giersch in Stücke schneiden. Zusammen mit Zwiebel, Lauch, Kartoffel und Knoblauch im heißen Olivenöl glasig dünsten. Milch und Haxenbrühe dazugießen und 20 Minuten köcheln lassen. Durch ein Sieb streichen, Sahne und Butter dazugeben und mit Salz, Pfeffer und Muskatnuss abschmecken. Vor dem Servieren die Blätter von Gänsefuß, Bärenklau, Giersch und Wiesenschaumkraut zur Suppe geben und pürieren.

Kurz vor dem Servieren die Bällchen in der Pfanne rundherum anbraten. Die Suppe in Suppenteller verteilen und die Haxenbällchen hineinlegen. Mit Wiesenschaumkraut- und Senfblüten garnieren.

Wiesenschaumkraut
Cardamine pratensis

Das Wiesenschaumkraut mit seinen rosa bis zartvioletten Blüten läutet auf den Wiesen den Frühling ein. Ich bereite aus den Blüten einen rosafarbenen Senf zu, der nach Wasabi und Meerrettich schmeckt und sehr gut zu Sushi passt. Das scharfe, geschmacklich an Rucola erinnernde Kraut lässt sich gut zum Würzen von Pesto, Suppen und Salaten verwenden. Die zarten Blütenstiele ergeben, vor der Knospenbildung, eine dekorative Komponente in Kräuterbouquets.

⌁

Winde

Calystegia sepium,
Convolvulus arvensis

Die weißen, trichterförmigen Blü-
ten verwende ich vor allem wegen
ihrer optischen Wirkung. Sie lassen
sich sehr gut füllen. Das Kraut
schmeckt intensiv bitter, wird aber
durch Blanchieren und in Verbin-
dung mit Essig und Honig zu einer
interessanten Geschmackskom-
ponente. Die Blütenknospen lege
ich als Kapern zunächst in Salzlake
und später in Kräuteressig ein.
Warten lohnt sich: Nach einigen
Monaten schmecken sie immer
besser und verlieren ihren bitteren
Geschmack.

Makrele mit Winde und Beifuß

360 g Makrelenfilet
15 g Beifußblüten, gehackt
1 EL Meersalz
1 EL Zucker

Winde:
40 g Windenblätter
Meersalz, Zucker
Saft von 1 Zitrone
1 EL Olivenöl

Brennnesselkaramell (Rezept Seite 24)
50 g Rote Oliven (Rezept Seite 69)
50 g Rote-Oliven-Tapenade (Rezept Seite 69)
12 Beifußblüten
4 Windenblüten und -knospen

Zum Beizen der Makrelenfilets die gehackten Beifußblüten mit Meersalz und Zucker
darüber verteilen und 24 Stunden ziehen
lassen.
Die Windenblätter in kochendem Salzwasser
blanchieren. Abschütten, in kaltem Wasser
abschrecken und abtropfen lassen. Mit Meersalz, Zucker, Zitronensaft und Olivenöl
würzen.
Die Makrelenfilets in dünne Scheiben schneiden und jeweils aufrollen.
Mit Brennnesselkaramell eine Linie über
die Teller ziehen. Die Roten Oliven und die
Rote-Oliven-Tapenade auf die Teller verteilen und jeweils 3 aufgerollte Makrelenfilets
dazusetzen. Mit Beifuß- und Windenblüten,
Windenknospen und -blättern garnieren.

Makrele mit Winde und Beifuß

+~+

Orientalische Zackenschote
Bunias orientalis

Die kleinen, jungen Blätter, die an Rucola mit leichtem Kohlgeschmack erinnern, verwende ich als Salat. Die sehr ergiebige Pflanze kann auch in Streifen geschnitten und blanchiert als Gemüse zubereitet werden oder ergibt mit gerösteten Weißbrot, Ei und Parmesan eine rassige Füllung für Kaninchen oder Kalbsbrust. Die Blütenknospen verarbeite ich, mit Stiel in Salzwasser blanchiert, als »wilden Brokkoli«.

Zackenschoten-Pesto

45 g Orientalische Zackenschote
15 g Oregano
15 g Pastinakenkraut
5 g wilde Möhre (Kraut)
15 g Giersch
10 g Wiesensalbei
30 g Gänsefuß
5 g Liebstöckel
3 g Feldthymian
1 EL Meersalz
1 TL weißer Pfeffer aus der Mühle
50 g Sonnenblumenkerne
¼ l Sonnenblumenöl
70 g Parmesan, gerieben

Alle Kräuter hacken und mit den übrigen Zutaten verrühren.
Der Pesto hält sich, luftdicht verschlossen, mehrere Wochen im Kühlschrank.

Tipp:
Sehr lecker zu Spaghetti und in Gemüsesuppen.

Eingelegter wilder Brokkoli

500 g Blütenknospen der Orientalischen Zackenschote
1 EL Meersalz

Marinade:
2 Limetten
100 ml Weißwein
100 ml Essig
¼ l Sonnenblumenöl
1 EL Zucker
1 TL Meersalz
1 Prise Cayennepfeffer

100 g Japanischer Knöterich
100 g Karotten, geschält, in lange Streifen gehobelt
100 g rote Paprika, in lange Streifen geschnitten
100 g Zwiebeln, längs in Streifen geschnitten
50 g Ingwer, geschält, fein geschnitten
2 EL Öl

Die Zackenschoten-Blütenknospen kurz in kochendem Salzwasser blanchieren. Abschütten, in kaltem Wasser abschrecken und abtropfen lassen.
Für die Marinade die Schale von 1 Limette abreiben. Beide Limetten schälen, das Fruchtfleisch klein würfeln und mit den anderen Zutaten zur Marinade verrühren.
Das Gemüse im Öl kurz dünsten, dann zusammen mit den blanchierten Zackenschoten-Blütenknospen in die Marinade einlegen und mindestens einen Tag ziehen lassen.

Tipp:
Die Blütenknospen der Orientalischen Zackenschote nenne ich wilden Brokkoli, da sie wie Minibrokkoli aussehen.
Dieses Rezept kann auch mit Blütenknospen der Gänsekresse (Cardaria draba) oder der Knoblauchrauke (Alliaria petiolata) zubereitet werden.
Eine aromatische Beilage zu Fisch, Geflügel und Gegrilltem.

Kalbsrückensteaks mit Orientalischer Zackenschote

Füllung:
100 g Orientalische Zackenschote, in Streifen geschnitten
1 Knoblauchzehe, gehackt
2 EL Olivenöl
1 EL Honig
Meersalz, Pfeffer aus der Mühle
1 Ei
3 EL Parmesan

4 Kalbsrückensteaks à 180 g, aufgeschnitten (Schmetterlingsform)
Meersalz, Pfeffer aus der Mühle
2 EL Butter

Sauce:
1 Schalotte, grob gewürfelt
Butter zum Braten
4 EL Weißwein
¼ l Kalbsfond
Meersalz, Pfeffer aus der Mühle

Mittelmeergemüse mit Feldthymian
(Rezept Seite 122) als Beilage

Für die Füllung die feinen Zackenschoten-streifen mit dem Knoblauch im heißen Olivenöl kurz anbraten. Mit Honig, Meersalz und Pfeffer abschmecken. Abseits des Herds das Ei und den Parmesan darunterrühren.
Die Kalbssteaks salzen und pfeffern. Mit der Füllung belegen, zusammenklappen und mit einem Holzspießchen fixieren.
Für die Sauce die Schalotte in der Butter kurz anbraten. Mit Weißwein und Kalbsfond ablöschen und auf die Hälfte einkochen. Durch ein Sieb passieren und mit Salz und Pfeffer abschmecken.

Etwa 15 Minuten vor dem Servieren die Butter aufschäumen lassen und die gefüllten Kalbssteaks 5 Minuten von beiden Seiten anbraten. Etwas ruhen lassen, dann die Holzspießchen entfernen.
Das Mittelmeergemüse in die Mitte der Teller geben und die Steaks mit der Öffnung nach oben darauf anrichten. Mit der Kalbssauce umranden.

Rehhaxe mit Zahnwurz

✂

Rehhaxe mit Zahnwurz

4 Rehhaxen mit Knochen

Zum Einlegen:
1 EL Meersalz
1 TL Pfeffer aus der Mühle
1 EL Zucker
1 Knoblauchzehe, zerdrückt
1 Nelke, zerstoßen
4 Wacholderbeeren, zerstoßen
1 EL Senfkörner, zerstoßen
1 Lorbeerblatt
1 Bund Dost, gehackt

50 ml Olivenöl
2 Zwiebeln, gewürfelt
2 Karotten, geschält, gewürfelt
1 Stange Staudensellerie, gewürfelt
½ l Rotwein
1 TL Maisstärke

Brombeersauce:
1 EL Zucker
1 EL Essig
100 g Brombeeren

Gemüse:
150 g schwarzer Rettich mit Schale,
in Streifen geschnitten
150 g Karotten, geschält, in Streifen
geschnitten
1 Knoblauchzehe, gehackt
2 EL Olivenöl
Meersalz
4 Zahnwurzwurzeln

Garnitur:
4 Zahnwurzwurzeln mit Kraut, Wurzel
in Scheiben geschnitten
12 Brombeeren, gewärmt

Die Rehhaxen mit den Würzzutaten einreiben und 3 Tage im Kühlschrank ziehen lassen.

Das Olivenöl erhitzen und die Rehhaxen darin anbraten. Die Gemüsewürfel und den Rotwein dazugeben und zugedeckt im Backofen bei 80 Grad langsam etwa 6 Stunden schmoren lassen.

Für die Brombeersauce den Zucker leicht karamellisieren und mit dem Essig ablöschen. Die Brombeeren dazugeben und weich kochen. Pürieren und durch ein Sieb streichen.

Durch Fingerdruck den Garzustand der Rehhaxen prüfen: Es muss sich weich anfühlen und zwischen den Fingern ganz durchdrücken lassen. Das Fleisch herausnehmen und warm halten.

Für die Rehsauce den Garfond durch ein Sieb abgießen und auf etwa 200 Milliliter einkochen. Die Maisstärke mit etwas Rotwein anrühren und die Sauce damit binden. Abschmecken.

Rettich und Karotten mit dem Knoblauch kurz im Olivenöl knackig dünsten und würzen.

Die 4 Zahnwurzwurzeln ohne Kraut in Salzwasser kochen.

Das Gemüse auf die Teller verteilen, jeweils eine gekochte Zahnwurzwurzel darauflegen. Die Rehhaxen dazu anrichten, mit den rohen Zahnwurzscheibchen belegen und mit der Rehsauce umranden. Mit der Brombeersauce Streifen auf die Teller ziehen und die Brombeeren darauflegen. Mit dem Zahnwurzkraut garnieren.

Zahnwurz
Cardamine dentaria bulbifera

Die Wurzel wird wie Meerrettich verwendet — sie passt gerieben sehr gut zu Sushi und zu Saucen. Die nach der Blüte geernteten grünen Samen würzen mit ihrem pikantscharfen Aroma wie grüner Pfeffer. Das Kraut kann für Salate verwendet oder als Gemüse gedünstet werden.

⌁

Ziest, Waldziest
Stachys sylvatica

Aufgrund ihres Steinpilzaromas verwende ich die Pflanze gerne zum Verfeinern und Würzen von Pilzgerichten.

Poularde mit Distelgemüse, Pfifferlingen und Waldziest

1 Poularde von 1,8 kg, entbeint (Knochen beiseite gelegt)
Meersalz, Pfeffer aus der Mühle
50 ml Distelöl

Sauce:
200 g Schalotten, in Scheiben geschnitten
1 TL Mehl
¼ l Riesling
¼ l Geflügelfond
¼ l Sahne
20 g Waldziest
50 g Butter

Distelgemüse:
200 g Kohldisteln
1 Prise Natron
4 Knoblauchzehen, gehackt
50 ml Distelöl
1 EL Honig
Meersalz, Pfeffer aus der Mühle

Pfifferlinge mit Waldziest:
50 g Butter
2 Schalotten, gewürfelt
400 g Pfifferlinge, geputzt
1 Handvoll Waldziestblätter, in Streifen geschnitten
Meersalz, Pfeffer aus der Mühle

4 Waldziestblätterspitzen

Die Haut der Poularde mit Meersalz, Pfeffer und Distelöl einreiben. In einem Bräter im restlichen heißen Öl auf der Hautseite 5 Minuten anbraten. Dann im Backofen bei 200 Grad 20 Minuten fertigbraten. Die Poularde herausnehmen und zugedeckt warm stellen.

Für die Sauce die Knochen mit einem Hackmesser (oder einer Geflügelschere) zerkleinern und im Bräter kräftig anbraten. Die Schalotten dazugeben, mit dem Mehl bestreuen und leicht rösten. Dann mit dem Wein ablöschen und einkochen. Mit dem Geflügelfond und, falls nötig, zusätzlich Wasser bedecken und etwa 20 Minuten köcheln lassen. Die Sahne und die Waldzieststiele dazugeben. Die Sauce durch ein Sieb passieren und auf ¼ Liter einkochen. Kurz vor dem Servieren die Butterstückchen und die gehackten Waldziestblätter einrühren und die Sauce abschmecken.
Die Kohldisteln in kochendem, mit Natron versetztem Salzwasser 3 Minuten blanchieren. Abschütten und abtropfen lassen. Mit dem Knoblauch im Distelöl andünsten. Mit Honig, Meersalz und Pfeffer abschmecken.
Für die Pfifferlinge die Schalotten in der Butter andünsten. Die Pfifferlinge kurz darin anbraten. Die fein geschnittenen Waldziestblätter dazugeben und abschmecken.
Die Pfifferlinge und die Kohldisteln auf den Tellern anrichten. Jeweils ein Stück Poulardenbrust und -keule darauflegen. Mit der Waldziestsauce umranden und mit Waldziestspitzen garnieren.

Tipp:
Um die Poularde zu entbeinen, vom Hals bis zum Sterz zu beiden Seiten der Wirbelsäule mit einem stabilen Messer aufschneiden, Wirbelsäule und Hals entfernen. Die Poularde aufklappen und dann die kleinen Rippenknochen entfernen.

Steinpilz-Maultaschen mit Waldpilzen und Waldziest

Füllung:
200 g Steinpilze, geputzt, zerkleinert
1 Knoblauchzehe, gehackt
1 EL Olivenöl
200 g kalte gegarte Putenbrust
200 g Crème fraîche
1 Ei
Meersalz, Pfeffer aus der Mühle

Nudelteig (siehe Grundrezepte)

Waldziestöl:
1 Handvoll Waldziestblätter, gezupft
3 EL Mineralwasser
1 TL Meersalz
50 ml Olivenöl

Pilzgemüse:
300 g Waldpilze (Herbsttrompeten, Pfifferlinge, Steinpilze), geputzt, in Streifen geschnitten
Olivenöl
5 g Waldziestblätter, fein geschnitten
Meersalz, Pfeffer aus der Mühle

Zum Fertigstellen:
4 Schalotten, längs in Streifen geschnitten
Olivenöl
Meersalz, Pfeffer aus der Mühle

4 TL Waldpilzpulver

Für die Füllung die Steinpilze mit dem Knoblauch im Olivenöl dünsten. Im Gefrierfach kurz abkühlen lassen. Dann zusammen mit der kalten Putenbrust pürieren und mit den übrigen ebenfalls möglichst kalten Zutaten zusammen mixen.

Den Nudelteig dünn ausrollen. Auf die bemehlte Arbeitsfläche legen und in 2 Bahnen von 10 Zentimeter Breite schneiden. Die Steinpilzfarce mit dem Spritzbeutel in walnussgroßen Portionen (ca. 30 Gramm) in gleichmäßigem Abstand auf die eine Teigbahn verteilen. Mit einem Pinsel den Teig rund um die Füllung leicht anfeuchten. Mit der zweiten Nudelteigplatte bedecken und rund um die Füllung sorgfältig festdrücken. Zu dreieckigen Maultaschen mit einem Zentimeter Rand um die Füllung ausschneiden. Die Maultaschen in kochendem Salzwasser 3 Minuten garen. Herausheben, in kaltem Wasser abkühlen und abtropfen lassen.
Für das Waldziestöl alle Zutaten zusammen pürieren. Durch ein Sieb streichen.
Die Waldpilze gemischt oder nach Sorten getrennt kurz in etwas Olivenöl anbraten. Abkühlen lassen. Den Waldziest darunterheben und abschmecken.
Für die Maultaschen die Schalotten in Olivenöl braten und würzen. Die Maultaschen dazugeben und kurz wieder erwärmen.
Die Waldpilze auf die Teller verteilen. Die Maultaschen mit den Schalotten darauf anrichten. Mit Waldziestöl und Waldpilzpulver garnieren.

Tipp:
Für das Waldpilzpulver getrocknete Pilze im Cutter pulverisieren. Verleiht Suppen, Saucen und Pilzgerichten ein intensives Pilzaroma.

Grundrezepte

Kräuterfond

3 Zwiebeln
1 Karotte, geschält
1 Stange Staudensellerie
1 Stange Lauch, grüner Teil
1 Lorbeerblatt
1 Nelke
1 Zweig Rosmarin
40 g Wildmöhrengrün
20 g Bärlauch
20 g Giersch
10 g Schafgarbe
10 g Pastinakenkraut
5 g Feldthymian
20 g Dost
5 g Bärwurz
2 ½ l Wasser
½ l Weißwein

Alle Zutaten grob schneiden. Mit dem Wasser und dem Wein bedeckt, aufkochen und 1 Stunde knapp unter dem Siedepunkt ziehen lassen. Durch ein Sieb passieren.
Heiß in Gläser abfüllen und sofort verschließen. Im Kühlschrank etwa 3 Wochen haltbar.

Tipps:
Ideal als Grundlage für Suppen und Saucen und zum Kochen von Risotto.
Je nach Saison können auch andere Kräuter verwendet werden, etwa Waldkresse, Amaranth, Wiesenkümmel oder Weinberglauch.

Nudelteig

250 g Hartweizenmehl (Dunst)
10 Eigelb
1 TL Olivenöl

Alle Zutaten etwa 10 Minuten kneten und zu einer Kugel formen.

Tempurateig

1 Eigelb
100 ml Wasser
60 g Mehl, gesiebt
½ TL Backpulver
1 TL Maisstärke

Alle Zutaten eiskalt unmittelbar vor dem Backen zu einem flüssigen Teig verrühren.

Mürbeteig, salzig

150 g Mehl
50 g Butter
1 Ei
1 TL Meersalz
2–3 EL Wasser

Alle Zutaten zu einem glatten Teig verarbeiten und etwa 1 Stunde kalt stellen.

Mürbeteig, süß

50 g Zucker
50 g Puderzucker
200 g Mehl
100 g Butter
1 Prise Meersalz
1 Eigelb
3 EL Milch

Zucker, Puderzucker, Mehl, die Butter in Stückchen und Salz mit den Händen zu feinem Streusel reiben. Mit dem Eigelb verkneten und die Milch dazugeben. Eine Kugel formen und 30 Minuten abgedeckt kalt stellen.

Baguetteteig

250 g Weizenmehl Type 550
125 ml Wasser
10 g Hefe
1 TL Meersalz

Mehl, Wasser und Hefe 10 Minuten langsam
kneten. Das Salz zum Schluss darunterarbeiten. Zugedeckt bei Raumtemperatur
1 Stunde gehen lassen.

Verjus-Vinaigrette

5 g Oregano
5 g Wiesenschaumkraut
1 Schalotte, fein gewürfelt
100 ml Olivenöl
3 EL Weißweinessig
2 EL Kräuterfond
1 TL Meersalz, Pfeffer aus der Mühle
6 EL Verjus

Die Kräuterblätter von den Stielen zupfen.
Die Stiele zusammen mit der Schalotte in
etwas Öl andünsten. Mit Essig und Kräuter-
fond ablöschen und kurz kochen. Abküh-
len lassen und durch ein Sieb streichen. Mit
Salz und Pfeffer würzen. Die gehackten
Kräuterblätter, den Verjus und das restliche
Öl darunterrühren. Nochmals abschmecken.

Hinweis:
Verjus ist ein leicht vergorener grüner
Traubensaft, ersatzweise können Sie weißen
Balsamico verwenden.

Tipp:
Sie können die Verjus-Vinaigrette natürlich
auch mit allen anderen stark aromatischen
Kräutern zubereiten.

Gomasio

100 g Walnüsse oder Mandeln, geschält,
gehackt
1–2 EL grobes Meersalz

Die gehackten Walnüsse oder Mandeln im
Backofen bei 140 Grad trocknen lassen.
Nach Belieben anschließend in einer Pfanne
goldbraun rösten. Mit dem Meersalz mischen
und abkühlen lassen.

Tipps:
Je nachdem wie fein man das Gomasio
wünscht, kann man die Nüsse oder Mandeln
gröber oder feiner hacken und nach dem
Trocknen noch durch ein grobmaschiges Sieb
streichen.
Das Gomasio hält sich, luftdicht verschlossen,
und kühl aufbewahrt, 2 bis 3 Wochen.

Pflanzenverzeichnis

Je nach Standort und klimatischen Bedingungen können die Angaben zur Erntezeit leicht variieren.
Zur Bestimmung der Pflanzen empfiehlt sich die Konsultation eines Wildpflanzenführers und/oder die Teilnahme an entsprechenden Kursen oder Workshops (siehe Hinweise Seite 171).

Ackersenf
Sinapis arvensis, Brassicaceae/Cruciferae

Typische Merkmale: Knallgrüne, frisch aussehende Blätter im Winter, wenn sonst nichts mehr wächst. Die gelben Blütenknospen erinnern an Raps oder Brokkoliknospen.

Ernte: Herbst bis Frühjahr. Es lassen sich die Blätter, die Blütenknospen und die gelben Blüten ernten.

Typischer Geschmack: Ähnlich wie Spinat, Kohl und Senf.

Rezepte: Seite 10, 16, 137, 147

Baldrian
Valeriana officinalis, Valerianaceae

Typische Merkmale: Wächst in großen Beständen an feuchten, schattigen Standorten. Zu Beginn farnähnlich, mit gezackten, etwa 8 cm langen und 2 cm breiten dunkelgrün glänzenden Blättern. Der Blütenstiel wächst später; er hat 1–2 cm Durchmesser und mehrere Einkerbungen (wie Wiesenkerbel). Die weißen, manchmal leicht rosa Blüten sitzen sehr dicht, doldenförmig zusammen.

Ernte: Im Winter die Wurzeln, im Frühjahr Blätter und Triebe, im Sommer Blüten und Samen.

Typischer Geschmack: Etwas herb, nussartig wie sein enger Verwandter, der Feldsalat. Vor allem die Blüten haben einen ausgeprägten, eigenwilligen Geruch. Die Wurzeln duften angenehm nach Essig.

Rezept: Seite 11

Bärenklau
Heracleum sphondylium, Apiaceae

Typische Merkmale: Die Pflanze, die bis zu 1 m hoch wird, fällt durch ihre Größe sofort auf. Sie gedeiht an feuchten Standorten. Behaarte Stiele, wollige Blattoberfläche.

Ernte: Frühjahr bis Herbst. Die Pflanze lässt sich in allen Wachstumsstadien ernten. Vorsicht: Die Pflanze ist phototoxisch, das heißt, es kann bei Berührung im Sonnenlicht zu allergischen Hautreaktionen kommen. Daher beim Ernten Wegwerfhandschuhe tragen.

Typischer Geschmack: Karottenähnlicher Geschmack, intensiver Duft. Die Früchte haben ein feines Zitrusaroma.

Rezepte: Seite 11, 12, 14, 76, 82, 90,105, 136, 137, 147

Bärlauch
Allium ursinum, Alliaceae

Typische Merkmale: Oft in dichten, ausgedehnten Vorkommen in Auen und Auenwäldern. Die langgestielten, lanzettförmigen Blätter verströmen beim Zerreiben einen deutlichen Knoblauchduft.

Ernte: Im beginnenden Frühjahr die Blätter, zu Ende des Frühjahrs die Blütenknospen, im Sommer die grünen Samen, im Herbst und Winter die Zwiebeln. Bärlauch lässt sich auch im Garten an einem feuchten und schattigen Standort gut anpflanzen. Da Bärlauch ein Kaltkeimer ist, sollte gekauftes Saatgut vor dem Aussäen im Kühlschrank gekühlt werden.

Typischer Geschmack: Schmeckt und duftet intensiv nach Knoblauch und Schnittlauch.

Rezepte: Seite 16, 18, 38, 46, 113, 131, 156

Bärwurz
Meum athamanticum, Apiaceae

Typische Merkmale: Gedeiht vor allem in Moorgebieten in höheren Lagen, oft auch in der Nähe von Vogelbeerbäumen. Filigrane Blätter, ähnlich jenen von Fenchelkraut oder Dill. Geschätzte Pflanze der Bergflora, weil sie der Milch der dort weidenden Tiere und dem daraus hergestellten Käse ein typisches Aroma verleiht; auch beliebter Bestandteil von Kräuterdestillaten.

Ernte: Das zarte Kraut von Frühjahr bis Herbst, die Samen im Sommer und Herbst.

Typischer Geschmack: Der Geschmack erinnert an Fenchel, Selleriekraut und Petersilie.

Rezepte: Seite 19, 156

Beifuß
Artemisia vulgaris, Asteraceae/Compositae

Typische Merkmale: Die Blätter sind langgezackt, die Blattoberfläche ist dunkelgrün, die Blattunterseite silberfarben und leicht pelzig.

Ernte: Im Frühjahr die zarten Blätter, im Sommer die Blüten, im Herbst und Winter die Samen.

Typischer Geschmack: Blüten, Blätter und Samen haben ein leichtes Champignonaroma.

Rezepte: Seite 19, 20, 28, 32, 33, 50, 110, 134, 148

Beinwell
Symphytum officinale, Boraginaceae

Typische Merkmale: Wächst vor allem an feuchten, nährstoffreichen Standorten. Ovale, 10–40 cm lange Blätter mit spitzen Enden und rauher, behaarter Unterseite. Die Pflanze ist ein wilder Verwandter des Gartenborretschs.
Ernte: Frühjahr bis Herbst. Nur die zarten Blätter sowie zarte Blütentriebe ernten.
Typischer Geschmack: Der charakteristische Geschmack erinnert an frische Gurken und der Duft an eine Meeresbrise.
Rezepte: Seite 20, 22

Berberitze
Berberis aquifolium, Berberidaceae

Typische Merkmale: Als Zierstrauch sehr verbreitet. Die Blätter sind oval, gewölbt, mit Stacheln am Blattrand, Ilexblättern ähnlich. Das Holz ist an Schnittstellen zitronengelb gefärbt. Die Blätter sind ganzjährig vorhanden; die mimosengelben Blüten erscheinen ab Februar.
Ernte: Im Herbst die silbrig-blauen, kleinen, länglichen Beeren; der Beerensaft färbt stark dunkelrot. Bei der Ernte dicke Handschuhe tragen (Dornenstiche können schmerzhafte Hautreaktionen auslösen).
Typischer Geschmack: Die Beeren schmecken säuerlich.
Rezept: Seite 22

Berberitze, wilde Berberitze
Berberis vulgaris, Berberidaceae

Typische Merkmale: Die gewöhnliche Berberitze, auch Sauerdorn genannt, wächst an Wald- und Wegrändern und fällt im Herbst durch ihre knallroten Früchte und ihre Dornen auf. Die Blätter sind länglich, sehr schmal und spitz, der Blattrand ist glatt. Das Holz ist an Schnittstellen zitronengelb gefärbt.
Ernte: Im Herbst die knallroten, kleinen (reiskorngroßen), länglichen Beeren; der Beerensaft färbt stark dunkelrot. Bei der Ernte dicke Handschuhe tragen (Dornenstiche können schmerzhafte Hautreaktionen auslösen).
Typischer Geschmack: Die Beeren schmecken säuerlich.
Rezept: Seite 22

Bocksbart, Wiesenbocksbart
Tragopogon pratensis, Compositae/Asteraceae

Typische Merkmale: Das Kraut einer mit dieser verwandten wilden Form der Schwarzwurzel. Spitze, längliche, lilienähnliche Blätter, die sich biegen; an Bruchstellen tritt eine weiße, latexhaltige Substanz aus.
Ernte: Frühjahr und Sommer. Nur zarte Blätter und Blütenknospen ernten.
Typischer Geschmack: Leicht mehlig, mild, erinnert etwas an Spargel, roh oder leicht gekocht sehr delikat.
Rezepte: Seite 23, 136

Brennnessel
Urtica dioica, Urticaceae

Typische Merkmale: Aufgrund der Nesselzellen in ihren behaarten Blättern und Stielen brennt es bei Berührung der Pflanze auf der Haut.
Ernte: Vom frühen Frühjahr (Februar) bis Spätherbst. Unbedingt Handschuhe tragen.
Typischer Geschmack: Roh schmecken Brennnesselblätter erstaunlich aromatisch, die Samen nussartig. Gekocht, ist der Geschmack sehr neutral und lässt sich gut mit anderen Kräutern kombinieren.
Rezepte: Seite 24, 26, 27, 131

Brombeere
Rubus fruticosus, Rosaceae

Typische Merkmale: Stachelige Ranken, ähnlich wie bei Rosen, mit denen die Brombeere auch verwandt ist.
Ernte: Im Frühjahr die Triebe und Blätter, im Spätsommer und Herbst die Früchte.
Typischer Geschmack: Die jungen, fleischigen Triebe sind wegen ihres hohen Gerbstoffgehalts besonders aromatisch, knackig, saftig und mit fein-herbem Abgang. Die dunklen, reifen Beeren schmecken süß, angenehm säuerlich mit konzentrierten ätherischen Aromen, manchmal auch leicht minzartig.
Rezepte: Seite 28, 141, 153

Distel
Cirsium spp., *Cirsium oleraceum* (Kohldistel), Asteraceae

Typische Merkmale: Zahlreiche Distelarten haben an der ganzen Pflanze kleine, fast unsichtbare Stacheln, die bei Berührung schmerzhafte Entzündungen hervorrufen können. Eine Ausnahme ist die stachellose Kohldistel; sie wächst buschig, besitzt keinen Stiel und hat breite Blätter.
Ernte: Von Frühjahr bis Herbst. Nur junge, zarte Pflanzenteile verwenden, bei der Kohldistel die Blätter und bei allen anderen Arten die Stiele. Alle Distelarten sind essbar, auch wenn sie Stacheln an den Stielen haben; dann die Stiele abziehen.
Typischer Geschmack: Leicht bitter, nach Spinat und Artischocke.
Rezepte: Seite 30, 32, 154

Dost

Origanum vulgare, Lamiaceae

Typische Merkmale: Der »wilde Oregano« liebt die Sonne und wächst deshalb bevorzugt an Südhängen, oft auf kalkhaltigem Boden. Die Blätter ähneln jenen der Minze. Die kleinen, rosafarbenen Blüten stehen kompakt doldenförmig.
Ernte: Frühjahr bis Herbst. Nur zarte Blüten und Blätter verwenden.
Typischer Geschmack: Leicht nach Minze, nach Oregano und Thymian, im Herbst etwas pilzartig.
Rezepte: Seite 18, 32, 33, 34, 48, 50, 51, 82, 93, 115, 124, 131, 136, 145, 153, 156

Eberesche, Vogelbeere

Sorbus aucuparia, Rosaceae

Typische Merkmale: Der Baum gedeiht vorzugsweise an schattigen und feuchten Standorten. Typisch sind die orangeroten, doldenartig wachsenden Beeren. Auf kalkhaltigem Boden bringt der Baum eine weiße Beerensorte hervor.
Ernte: Beeren im Spätsommer.
Typischer Geschmack: Die Beeren haben einen sauer-bittersüßlichen Geschmack, der an Grapefruit erinnert.
Rezepte: Seite 34, 35

Engelwurz, Waldengelwurz

Angelica sylvestris, Apiaceae

Typische Merkmale: Bevorzugt schattige und feuchte Standorte, oft im Uferbereich von Bächen oder Sümpfen. Dem Bärenklau ähnlich, großblättrig und mit grün-violetten Blütenstengeln, die oft 1 m Höhe erreichen können. Die Oberfläche der Blätter ist grün und glatt.
Ernte: Ganzjährig. Junge Blätter und Triebe im Frühjahr, Stengel und Blüten im Sommer, Wurzel im Winter.
Typischer Geschmack: Ausgeprägter, angenehmer, fast süßlicher Geschmack. Die Pflanze besitzt aromatische ätherische Öle, die leicht an Fenchel und Lakritze erinnern.
Rezepte: Seite 35, 90, 137

Erdbeere, Walderdbeere

Fragaria vesca, Rosaceae

Typische Merkmale: Guter Bodendecker, der rankende Triebe bildet; die Blüte ähnelt der Brombeerblüte.
Ernte: Sehr junge, zarte Triebe im Frühjahr für Salate, Beeren im Sommer.
Typischer Geschmack: Kräftiger, intensiver Erdbeergeschmack.
Rezepte: Seite 35, 37, 132, 141

Feldsalat

Valerianella locusta, V. eriocarpa, Valerianaceae

Typische Merkmale: Wild oft in Weinbergen auf steinigem, sandigem Boden zu finden. Buschig wachsend, mit zarten Blättern.
Ernte: Winter. Sorgfältig unter reichlich fließendem Wasser waschen, um den Sand vollständig zu entfernen.
Typischer Geschmack: Mild, leicht nussartig.
Rezepte: Seite 38, 142

Fenchel

Foeniculum vulgare, Umbelliferae / Apiaceae

Typische Merkmale: Bevorzugt sonnige, steinige Standorte. Bis zu 1 m hohe Pflanze mit dekorativem, filigranem Kraut.
Ernte: Von Sommer bis Herbst das Kraut, die gelben Blüten und die grünen Samen.
Typischer Geschmack: Kräftig nach Anis.
Rezepte: Seite 16, 38, 76, 88, 136, 142

Fetthenne, Große

Sedum telephium, Crassulaceae

Typische Merkmale: Die Pflanze hat eine buschige, kugelförmige Gestalt, ähnlich einer Glucke, deshalb auch der Name Fetthenne. Saftige, fleischige und knackige, fast gummiartige Blätter.
Ernte: Blätter im Frühjahr und Sommer.
Typischer Geschmack: Die Blätter schmecken roh leicht säuerlich und der Kiwi verblüffend ähnlich.
Rezept: Seite 40

Fichte, Tanne

Picea abies, Pineaceae

Typische Merkmale: Immergrüner Baum.
Ernte: Zarte, hellgrüne Astspitzen im Frühjahr. Vorsicht: Nicht mit der giftigen Eibe verwechseln, deren Nadeln flach-breit sind und einen dunklen Rand haben!
Typischer Geschmack: Leicht säuerlich.
Rezepte: Seite 33, 40, 42, 44, 104, 123

Franzosenkraut

Galinsoga parviflora, Asteraceae

Typische Merkmale: Die ursprünglich aus Südamerika stammende Pflanze kam mit der Kartoffel nach Europa und ist eine ihrer typischen Begleitpflanzen. Zarte, seidige Blätter und perlengroße, weiße, sternförmige Blüten.
Ernte: Triebe und Blüten im Sommer und Herbst.
Typischer Geschmack: Der milde Geschmack erinnert an Mais und Erbsen.
Rezept: Seite 44

Gänseblümchen

Bellis perennis, Asteraceae

Typische Merkmale: Die kleinste unter den Margeriten; wächst auf Rasen.

Ernte: Zarte, junge Blätter und Blüten von Frühjahr bis Herbst. Für Salate oder zum Einlegen ähnlich wie Kapern werden die kleinen, noch geschlossenen Blütenknospen gepflückt.

Typischer Geschmack: Etwas pfeffrig und leicht nach Karotten.

Rezepte: Seite 38, 46, 130

Gänsedistel

Sonchus arvensis, Asteraceae

Typische Merkmale: Sieht zwar aus wie eine Distel, ist aber keine und sticht auch nicht.

Ernte: Zarte, junge Blätter und Stiele, die in den kühleren Monaten im Frühjahr und Herbst geerntet werden, weil dann die Pflanze besser gedeiht. An der Schnittstelle läuft ein weißer, klebriger, latexhaltiger Saft aus.

Typischer Geschmack: Nach Chicorée, saftig, knackig, leicht bitter.

Rezept: Seite 46

Gänsefuß, Weißer

Chenopodium album, Chenopodiaceae

Typische Merkmale: Klassisches Ackerunkraut. Die leicht elastische Blattoberfläche ist glatt und grün, die Unterseite weiß, mit typisch sandig-körnigem Belag.

Ernte: Blätter im Frühjahr; möglichst junge Pflanzen ernten (4–5 cm hoch). Samen im Sommer und Herbst.

Typischer Geschmack: Nussartig, wie Spinat, aber kräftiger, die Samen wie Sesam.

Rezepte: Seite 48, 50, 147, 150

Giersch, Geißfuß

Aegopodium podagraria, Apiaceae

Typische Merkmale: Seinen Namen hat er von dem hufförmigen Stielansatz an der Wurzel, der an einen Ziegenfuß erinnert.

Ernte: Blätter und Stiele von Frühjahr bis Herbst, später die Samen zum Trocknen. Nur zarte, junge Pflanzen ernten.

Typischer Geschmack: Etwas nach Sellerie, Karotte und Petersilie.

Rezepte: Seite 22, 30, 38, 50, 51, 52, 54, 82, 93, 123, 124, 130, 136, 137, 145, 147, 150, 156

Glockenblume, Wiesenglockenblume

Campanula rapunculus, Campanulaceae

Typische Merkmale: In Europa gibt es etwa 140 essbare Sorten. Tiefblaue, glockenförmige Blüten in Sommer und Herbst; fleischige Wurzel.

Ernte: Im Frühjahr die Blätter und Wurzeln, im Sommer die Blüten.

Typischer Geschmack: Nach gründlichem Kauen der Blüten entwickelt sich ein veilchenähnlicher, würziger Geschmack.

Rezepte: Seite 46, 52, 54

Goldrute, Gewöhnliche

Solidago virgaurea, Compositae / Asteraceae

Typische Merkmale: Gelb blühende, krautige Pflanze mit zahlreichen, schmal lanzettlichen Blättern mit meist unregelmäßig gezähntem Blattrand. Kann vor der Blüte bzw. im jungen Zustand mit dem ebenfalls essbaren Weidenröschen verwechselt werden.

Ernte: Im Frühjahr die fleischigen Stiele. Aufgrund ihrer auffälligen gelben Blüten wird sie auch gerne als Schnittblume verwendet.

Typischer Geschmack: Die abgezogenen Stiele schmecken wie Spargel.

Rezept: Seite 128

Gundelrebe, Gundermann

Glechoma hederacea, Lamiaceae

Typische Merkmale: Gedeiht im schattigen Umfeld von Obstbäumen. Rankende Pflanze mit tiefgrünen Blättern und feinen, blauen Blüten.

Ernte: Blätter ganzjährig, Blüten Frühjahr bis Herbst.

Typischer Geschmack: Blätter und Blüten haben einen ausgeprägten grasig-erdigen Duft. Der Geschmack ist aufgrund der enthaltenen ätherischen Öle leicht minzartig.

Rezepte: Seite 34, 54, 115

Hartriegel, Roter

Cornus sanguinea, Cornaceae

Typische Merkmale: Strauch mit dunkelroter Rinde und kleinen, ovalen, spitzen Blättern. Zahlreiche kleine, weißgelbe Blüten, die locker zusammenhängen. Die Beeren sind schwarz glänzend, ähnlich wie Holunder, aber lockerer und dicker.

Ernte: Im Frühjahr die Blüten. Die Beeren sind ungenießbar; sie wurden früher für die Herstellung von Lampenöl verwendet.

Typischer Geschmack: Die Blüten schmecken leicht mehlig nach Mandeln und Maronen.

Rezept: Seite 55

Holunder, Schwarzer
Sambucus nigra, Caprifoliaceae

Typische Merkmale: Stark verzweigter Strauch mit längsge-
furchter, korkartiger Rinde und warzigen Erhebungen
(Lentizellen). Die jungen Triebe besitzen im Innern ein
weißes, styroporähnliches Mark. Der Duft der abgebro-
chenen Zweige ist etwas stechend unangenehm. Die weißen
bis leicht gelblichen Blüten haben einen frischen, fruch-
tigen, unverwechselbaren Duft.
Ernte: Im Frühsommer die Blüten, im Spätsommer die Beeren. Vorsicht: Die Beeren nicht roh essen, sie können
Brechreiz auslösen.
Typischer Geschmack: Der Blütenauszug schmeckt nach
Passionsfrucht. Die Beeren schmecken fruchtig-säuerlich.
Rezepte: Seite 22, 55, 57

Hopfen
Humulus lupulus, Cannabaceae

Typische Merkmale: Die gezackte Blattform erinnert an Hanf-
blätter, die Blüten der weiblichen Pflanze ähneln Tannen-
zapfen. Stiele und Blätter haben Widerhaken, mit denen
sich die Pflanze an Bäumen festhakt.
Ernte: Von Frühjahr bis Mitte Juni die zarten Triebe, im
Herbst die Blüten (»Zapfen«) der weiblichen Pflanzen.
Typischer Geschmack: Edelbitter, nussartig und angenehm.
Rezept: Seite 58

Huflattich
Tussilago farfara, Asteraceae

Typische Merkmale: Die gelben Blüten haben einen geschupp-
ten Stiel. Die etwa 20 cm langen, herzförmigen Blätter
sind auf der Oberseite grün und auf der Unterseite wattig
weiß. Der Huflattich bevorzugt kalkhaltige Böden.
Ernte: Ende Winter die Blüten, im Frühjahr die Blätter.
Typischer Geschmack: Die Blüten haben einen ausgeprägten
Bohnengeschmack.
Rezepte: Seite 11, 58

Hundsrose, Hagebutte
Rosa canina, Rosaceae

Typische Merkmale: Die Hundsrose ist die Urform der Rose.
Strauch mit fünfblättrigen, offenen, weißen oder rosa
Blüten.
Ernte: Blüten im Sommer, Früchte im Herbst.
Typischer Geschmack: Der Geschmack der Früchte (Hagebut-
ten) erinnert an Aprikosen.
Rezepte: Seite 60, 83

Kamille
Matricaria discoidea, Asteraceae

Typische Merkmale: Zartes, filigranes Kraut und margeriten-
ähnliche Blüte.
Ernte: Im Herbst, Winter und Frühjahr das Kraut, im Som-
mer die Blüten.
Typischer Geschmack: Ausgeprägtes Ananasaroma, leichter
Apfelduft.
Rezepte: Seite 60, 142

Kerbel, Wiesenkerbel
Anthriscus sylvestris, Apiaceae

Typische Merkmale: Vorsicht: Der Wiesenkerbel muss ganz
genau und sicher bestimmt werden, weil er dem hoch-
giftigen Schierling, einem anderen Doldenblütler, stark
ähnelt und mit diesem leicht verwechselt werden kann.
Die typische Einkerbung der Stiele ist ein sicheres Bestim-
mungsmerkmal. Elegante gezackte Blätter.
Ernte: Kraut und zarte Triebe im Frühjahr.
Typischer Geschmack: Die Blätter haben einen herben Geschmack und riechen, zwischen den Fingern gerieben,
leicht nach Anis oder Karotten.
Rezepte: Seite 22, 32, 46, 52, 62, 64, 82, 90, 130, 137

Kirschlorbeer
Prunus laurocerasus, Rosaceae

Typische Merkmale: Immergrüner, frosthart Zierstrauch aus
der Familie der Rosengewächse. Ovale, glatte, wie gewachst
wirkende, gummiartige Blätter, je nach Sorte bis 15 cm
lang und 4–5 cm breit, die in ihrer Form jenen des Echten
Lorbeers ähneln, daher die Bezeichnung.
Ernte: Blätter im Frühjahr und Sommer. Vorsicht: Nur fein
dosiert verwenden.
Typischer Geschmack: Bitterer, aromatischer Mandelgeschmack.
Rezepte: Seite 64, 134

Klette
Arctium lappa, Asteraceae

Typische Merkmale: Imposante, krautige Pflanze mit Blättern
von bis zu 40 cm Durchmesser und kugeligen, köpfchen-
förmigen Blütenständen. Die lilafarbenen Blüten sind mit
Widerhaken behaart.
Ernte: Im Frühjahr und Frühsommer die Triebe und Blüten-
stengel, im Sommer die Blätter.
Typischer Geschmack: Die geschälten Stengel schmecken wie
Artischocken.
Rezept: Seite 46

Knöterich, Japanischer
Reynoutria japonica, Polygonaceae

Typische Merkmale: Vor wenigen Jahrzehnten bei uns eingewanderter, ursprünglich aus Ostasien stammender Neophyt. Die 2–3 m hohe Pflanze mit hohlen, kräftigen Stengeln wächst in dichten, hochwüchsigen Beständen gerne an sumpfigen Flussufern.
Ernte: Zarte, junge, etwa 15 cm lange Triebe im Frühjahr, zarte, hellgrüne Blätter im Sommer.
Typischer Geschmack: Säuerlich, rhabarberähnlich.
Rezepte: Seite 65, 66, 68, 75, 150

Knöterich, Wiesenknöterich
Bistorta officinalis, Polygonaceae

Typische Merkmale: Wächst auf feuchten Wiesen. Ähnliche Blätter wie der Sauerampfer; zylindrische, bürstenförmige, rosa Blüten.
Ernte: Zarte, junge Blätter im Frühjahr und Frühsommer.
Typischer Geschmack: Säuerlich, tanninhaltig.
Rezept: Seite 58

Kohldistel
siehe Distel

Kornelkirsche
Cornus mas, Cornaceae

Typische Merkmale: Als Zierbaum gepflanzt, sehr hartes Holz mit fast schwarzer Rinde. Die Früchte sind knallrot und besitzen einen Stein, ähnlich wie Oliven.
Ernte: Früchte im Hochsommer.
Typischer Geschmack: Süßlich-säuerlich.
Rezept: Seite 69

Labkraut, Wiesenlabkraut
Galium mollugo, Rubiaceae

Typische Merkmale: Wiesenblume, die auf sonnigen Wiesen, Weiden und an Wegrändern mit nährstoffreichen, lehmigen Böden gedeiht. Im Frühjahr zarte, grüne Triebspitzen, im Sommer kleine, weiße Blüten.
Ernte: Ganzjährig. Junge Triebe im Frühjahr, Blüten im Sommer, Samen im Herbst.
Typischer Geschmack: Die jungen Triebe haben roh einen intensiven Erbsengeschmack.
Rezepte: Seite 70, 94, 134

Lauch, Weinberglauch, Weinbergschnittlauch
Allium polyanthum, A. vineale, Alliaceae

Typische Merkmale: Wächst auf lösshaltigen Böden. Wie ein Miniaturlauch aussehende Pflanze mit bläulichgrünen, kahlen, hohlen, zur Spitze hin röhrigen Blättern und dichter, kugeliger Blütendolde. Die weißschalige Zwiebel erinnert an einen kleinen Knoblauch.
Ernte: Im Frühjahr.
Typischer Geschmack: Sehr würzig lauchartig.
Rezepte: Seite 22, 26, 32, 40, 71, 81, 115, 126, 156

Leimkraut
Silene vulgaris, Caryophyllaceae

Typische Merkmale: Krautige Wiesenpflanze mit fleischigen, grün-grauen Blättern.
Ernte: Junge Triebe im Frühjahr.
Typischer Geschmack: Nach Zuckererbsen, erst süßlich, später etwas herb.
Rezept: Seite 72

Linde, Echte Sommerlinde
Tilia spp., Tiliaceae

Typische Merkmale: Ein stattlicher Baum, der bis tausend Jahre alt werden kann.
Ernte: Im Frühjahr die zarten Blätter, im Sommer die Blüten.
Typischer Geschmack: Mehlig, die Blüten nach Honig.
Rezepte: Seite 73, 134

Lorbeer
Laurus nobilis, Lauraceae

Typische Merkmale: Im Mittelmeerraum wachsender Baum mit etwa 8 cm langen und 3 cm breiten, glänzenden, elastischen und würzig, leicht nach Nelken duftenden Blättern. Der Duft ist besonders ausgeprägt beim kalifornischen Lorbeer, der etwas längere Blätter hat.
Ernte: Die Blätter ganzjährig, die Beeren im Frühjahr.
Typischer Geschmack: Erinnert leicht an Nelken, reich an ätherischen Ölen.
Rezepte: Seite 16, 19, 30, 33, 65, 66, 69, 82, 116, 122, 124, 131, 136, 147, 153, 156

Löwenzahn
Taraxacum officinale, Asteraceae

Typische Merkmale: Gezackte Blätter, buschige, gelbe Blüten. An der Schnittstelle tritt ein latexhaltiger Saft aus.
Ernte: Zarte Blätter aus der Mitte der Blattrosette von Frühjahr bis Herbst, Blüten im Frühjahr, Wurzel ganzjährig.
Typischer Geschmack: Edelbitter, ähnlich wie Chicorée und Radicchio.
Rezepte: Seite 32, 72, 74, 75

Mädesüß

Filipendula ulmaria, Rosaceae

Typische Merkmale: In der Nähe von Bächen gedeihende
Staude mit dunkelgrünen, gefiederten und stark geäderten,
auf der Unterseite weiß beflaumten Blättern. Die wollig-
fedrigen, cremeweißen Blütenrispen verströmen vor allem
abends einen intensiven, honig- bis mandelartigen Geruch.
Ernte: Blätter im Frühjahr, Blüten im Sommer.
Typischer Geschmack: Die duftenden Blüten haben ein feines
Mandelaroma.
Rezepte: Seite 76, 78, 80, 84

Malve

Malva spp., Malvaceae

Typische Merkmale: Oft als Zierpflanze kultiviert. Je nach
Sorte 30 cm bis 1 m hoch. Die großen Blüten sind weiß bis
purpur, die runden, gezackten Samen sehen aus wie kleine
Torten.
Ernte: Blätter fast ganzjährig, Blütenknospen und Blüten von
Sommer bis Herbst, Wurzeln nach der Blütezeit, im
Herbst.
Typischer Geschmack: Mild, süßlich. Wirkt gekaut etwas schlei-
mig.
Rezepte: Seite 80, 96

Mauerpfeffer, Schwarzer Mauerpfeffer

Sedum acre, Crassulaceae

Typische Merkmale: Die wärmeliebende kriechende, polster-
artige Pflanze mit kleinen dickfleischigen Blättern gedeiht
auf steinigem, trockenem Boden und an Natursteinmauern. Typisch sind die zahlreichen, sternförmigen, gelben
Blüten, die fast die gesamte Pflanze bedecken.
Ernte: Die blühende Pflanze im Sommer und Herbst.
Typischer Geschmack: Der Geschmack der Blüten ist scharf,
ähnlich wie Chili.
Rezept: Seite 81

Meerrettich

Armoracia rusticana, Brassicaceae / Cruciferae

Typische Merkmale: Bis 1,20 m hohe, weiß blühende Stauden-
pflanze mit sehr großen, relativ breiten, sattgrünen Blättern, an Sauerampfer erinnernd.
Ernte: Wurzel im Herbst und Winter.
Typischer Geschmack: Stark nach Senf schmeckend; eine traditionelle Würzpflanze der mitteleuropäischen Küche.
Rezepte: Seite 81, 88, 131

Melde

siehe Gänsefuß

Minze, echte Bergminze

Calamintha nepeta, Lamiaceae

Typische Merkmale: Ein- oder mehrjähriges Kraut mit vier-
kantigem Stengel und ovalen, gezähnten Blättern. Es gibt
Arten, deren Blätter und Stengel behaart sind.
Ernte: Frühjahr bis Herbst. Am besten schmecken die jungen
Triebe; die Blattspitzen sind dekorativ und aromatisch.
Typischer Geschmack: Erfrischend, typischer Minzduft und
-geschmack.
Rezepte: Seite 82, 147

Mispel

Mespilus germanica, Rosaceae

Typische Merkmale: Robuster, ausladender Strauch oder
Baum, im Erscheinungsbild dem Apfelbaum ähnlich.
Relativ große, weiße, apfelähnliche Blüten, aus denen
2–4 cm große Früchte mit den typischen, langen Kelch-
zipfeln hervorgehen.
Ernte: Früchte im Winter, nach dem ersten Frost.
Typischer Geschmack: Die Einwirkung der ersten Fröste mil-
dert die Gerbsäure in den Mispelfrüchten; sie werden
dann teigig und angenehm süß-säuerlich. Sie sind reich
an Zucker, Gerbstoffen, Stärke und Pektin.
Rezepte: Seite 83, 109

Mohn, Klatschmohn

Papaver rhoeas, Papaveraceae

Typische Merkmale: Gezackte, leicht behaarte Blätter und auf-
fällig leuchtend rote Blüten.
Ernte: Im Herbst und Winter die Blätter, im späten Frühjahr
die Blüten.
Typischer Geschmack: Die Blätter sind saftig, mild und süßlich. Die Blüten schmecken etwas bitter. Die Samen haben
ein feines Haselnussaroma.
Rezepte: Seite 37, 38, 60, 84, 86

Möhre, Wilde

Daucus carota ssp. *carota,* Apiaceae

Typische Merkmale: Borstig behaarter Stengel mit filigran
gezacktem Kraut und nestförmig eingerollten, in voll auf-
geblühtem Zustand flach gewölbten weißen Blütenständen.
Die Wurzel der Wilden Möhre ist weiß. In Frankreich wird
die Pflanze kultiviert.
Ernte: Im Winter das erste Kraut, im Sommer Kraut und
Blüten, im Herbst die Samen.
Typischer Geschmack: Kraut und Wurzel schmecken mild und
süßlich, die Wurzel etwas erdig. Die ätherischen Öle in
den zarten Früchten duften nach Birne.
Rezepte: Seite 10, 35, 80, 87, 96, 134, 137, 150, 156

Nachtkerze, Gemeine
Oenothera biennis, Onagraceae

Typische Merkmale: Wächst bevorzugt auf besonnten Lehmböden. Je nach Sorte und Standort etwa 80 cm hoch mit ovalen, behaarten Blättern. Die wohlriechenden, leuchtend gelben Blüten öffnen sich erst gegen Abend.
Ernte: Zarte Blätter im Frühling, Blüten im Sommer, Samenschoten im Frühherbst, Wurzeln im Winter.
Typischer Geschmack: Nussartig, die Blütenknospen schmecken etwas nach Zucchini oder Okra.
Rezepte: Seite 80, 88, 96

Natternkopf
Echium vulgare, Boraginaceae

Typische Merkmale: Gedeiht an sonnigen, sandigen Standorten. Rauhe, behaarte Blätter und azurblaue Blüten, dem Borretsch ähnlich.
Ernte: Blätter ganzjährig, Blüten im Sommer.
Typischer Geschmack: Das Kraut erinnert geschmacklich dezent an Gurken und Borretsch.
Rezepte: Seite 38, 90

Pappel
Populus spp., Saliaceae

Typische Merkmale: Großer, mächtiger, schnell wachsender Baum, der bevorzugt an feuchten Standorten gedeiht. Die Blätter sind leicht silbrig und duftend.
Ernte: Blüten im Frühjahr, Blätter im Sommer, Knospen im Herbst und Winter.
Typischer Geschmack: Exotisch nach Zimt und Nelken.
Rezepte: Seite 64, 90, 126, 134

Pastinake
Pastinaca sativa, Apiaceae

Typische Merkmale: Auffallende Pflanze mit kantig gefurchtem Stengel, symmetrisch angeordneten, gefiederten, mehrlappigen Blättern und doldenartigen, gelben Blüten. Die Samen sind grün.
Ernte: Die Blätter von Frühjahr bis Herbst; die Samen im Sommer, die Wurzel im Winter. (Da die Wurzel der Wildpflanze sich nur sehr mühsam ernten lässt und oft faserig ist, verwende ich die Zuchtform.)
Typischer Geschmack: Duftet nach Koriander und schmeckt kokosnussartig.
Rezepte: Seite 51, 90, 91, 136, 137, 150, 156

Pestwurz
Petasites hybridus, Asteraceae / Compositae

Typische Merkmale: Bevorzugt an Bach- und Flussufern wachsend. Auffallende, überdimensional große, runde, Rhabarberblättern ähnliche Blätter. Traubige Blütenstände mit zahlreichen, dicht stehenden, rötlich-weißen bis rot-violetten Blütenköpfen, die im geschlossenen Zustand an Blumenkohl erinnern.
Ernte: Blütenknospen und Blüten zum Frühlingsbeginn, Blätter und Stiele im Frühsommer.
Typischer Geschmack: Die Blüten duften nach Vanille und schmecken süßlich, die Stiele nach Lavendel.
Rezepte: Seite 93, 94

Pfennigkraut
Lysimachia nummularia, Primulaceae

Typische Merkmale: Gedeiht an feuchten Standorten. Kriechendes, schnurähnliches, bodendeckendes Kraut mit flach-runden bis elliptischen Blättern und leuchtend gelben Blüten.
Ernte: Zarte Triebe im Frühjahr und Herbst, Blüten im Sommer.
Typischer Geschmack: Fein säuerlich.
Rezept: Seite 94

Pimpernelle
Sanguisorba minor, Rosaceae

Typische Merkmale: Krautige Pflanze mit rötlichem Stiel und fiedrig gezähnten Blättern.
Ernte: Blätter von Frühjahr bis Herbst.
Typischer Geschmack: Leichtes Aroma von jung geernteten Walnüssen.
Rezepte: Seite 32, 96, 130, 142

Rainfarn
Tanacetum vulgare, Asteraceae

Typische Merkmale: Ausdauernde, wintergrüne Pflanze mit stark duftenden, dunkelgrünen, länglichen, gefiederten Blättchen und leuchtend gelben, knopfförmigen Blüten. Die ganze Pflanze enthält reichlich ätherische Öle und duftet daher intensiv, wenn man Pflanzenteile zerreibt.
Ernte: Blätter im Frühjahr, Blüten im Sommer und Herbst.
Typischer Geschmack: Aromatisch, leicht bitter.
Vorsicht: In hoher Konzentration kann Rainfarn das Nervensystem angreifen; durch die Intensität seines Aromas verbietet sich eine zu hohe Dosierung aber von selbst.
Rezepte: Seite 33, 98, 128

Rauke, Knoblauchrauke

Alliaria petiolata, Brassicaceae/Cruciferae

Typische Merkmale: Unregelmäßig gezahnte, herzförmige, 5–10 cm große Blätter und kleine weiße Blüten. Verströmt beim Zerreiben der Blätter einen typischen Knoblauchduft.

Ernte: Blätter, Blütenknospen und die zarten, grünen Samenschoten im Frühjahr, im Herbst die Samen aus den reifen Schoten.

Typischer Geschmack: Ausgeprägter Kohl- und Knoblauchgeschmack.

Rezepte: Seite 32, 100, 150

Resede, Gelbe, Gelber Wau

Reseda lutea, Resedaceae

Typische Merkmale: Meist buschig wachsende Pflanze mit gefiederten Blättern und eleganten hellgelben Blütenständen, die an Kastanienkerzen erinnern.

Ernte: Blätter von Frühjahr bis Herbst, Blüten im Sommer, Fruchtschoten im Herbst.

Typischer Geschmack: Das filigrane Kraut schmeckt nach Rucola. Die grünen Fruchtschoten haben einen ausgeprägten Geschmack nach Senf und Rucola.

Rezepte: Seite 102, 124

Robinie, Scheinakazie

Robinia pseudoacacia, Fabaceae

Typische Merkmale: Baum mit tief gefurchter, häufig längsrissiger Rinde und dicken Stacheln an den Ästen. Die Blätter ähneln jenen der Wicken oder Erbsen. Stark duftende, hängende, traubige Blütenstände. Die daraus entstehenden kleinen Schoten ähneln jenen der Zuckererbsen, sind stark abgeflacht und rotbraun.

Ernte: Blätter im Frühjahr, Blüten im späten Frühjahr/Frühsommer, Samen im Spätsommer. Aufgrund ihrer kurzen Vegetationszeit sind die Blüten innerhalb einer Woche zu ernten. Vorsicht beim Pflücken: Es befinden sich Stacheln auf den Ästchen. Mit Leiter ernten und nicht auf die Äste stehen, da sie dafür nicht stabil genug sind.

Typischer Geschmack: Erbsenähnlich.

Rezepte: Seite 55, 93, 102, 104, 126

Salbei, Wiesensalbei

Salvia pratensis, Lamiaceae

Typische Merkmale: Wild wachsende Salbeiart mit vierkantigen Stengeln und auffälligen, blau-violetten Blüten.

Ernte: Zarte Blätter und Blüten im Frühjahr und Sommer.

Typischer Geschmack: An Limetten erinnernder Duft, leicht minzartiger Geschmack.

Rezepte: Seite 34, 38, 69, 72, 105, 106, 108, 123, 145, 150

Sanddorn

Hippophaë rhamnoides, Brassicaceae/Cruciferae

Typische Merkmale: Dorniger, silbern-feinblättriger Strauch mit kleinen, orangefarbenen, ovalen Früchten.

Ernte: Beeren im Herbst und Winter. Da die reifen Früchte sich nicht leicht pflücken lassen mein Tipp: Abgeschnittene Äste einfrieren und danach die Früchte durch kurzes Aufklopfen abschütteln und verlesen.

Typischer Geschmack: Säuerlich, mit leichtem Duft nach Sauerkraut.

Rezepte: Seite 34, 108, 109

Sauerampfer

Rumex acetosa, Polygonaceae

Typische Merkmale: Krautige, auf nährstoffreichen, lehmigen Böden gedeihende Pflanze mit großen, länglichen, ganzrandigen Blättern. Rispen mit dicht stehenden, kleinen, roten Blüten.

Ernte: Blätter von Frühjahr bis Herbst, Blüten im Sommer. Am besten die zarten Blätter ernten.

Typischer Geschmack: Fein-säuerlich.

Rezepte: Seite 38, 64, 72, 110

Sauerklee, Waldsauerklee

Oxalis acetosella, Oxalidaceae

Typische Merkmale: Wächst an schattigen und meist etwas feuchten Stellen. Die Blätter sind dreieckig und sitzen an einem langen, filigranen, rötlichen Stiel. (Da er nicht zur Familie der Schmetterlingsblütler gehört, ist der Sauerklee botanisch eigentlich kein Klee.)

Ernte: Blätter ganzjährig, Blüten im Sommer.

Typischer Geschmack: Fein-säuerlich.

Rezepte: Seite 54, 60

Schafgarbe, Wiesenschafgarbe

Alchemilla millefolium, Asteraceae

Typische Merkmale: Weiße, doldenähnliche Blütenstände, fein gefiederte Blätter.

Ernte: Blätter von Frühjahr bis Herbst, Blüten und Samen im Sommer und Herbst.

Typischer Geschmack: Leicht pfeffrig.

Rezepte: Seite 52, 72, 111, 112, 124, 134, 156

Scharbockskraut
Ranunculus ficaria, Ranunculaceae

Typische Merkmale: Sehr symmetrische, herz- bis nieren-
förmige, auf der Oberfläche grün glänzende Blätter an
langen Stielen. Auffallende einzeln stehende, ebenfalls
langgestielte, goldgelbe Blüten.
Ernte: Wurzeln und junge Triebe Ende Winter bis Anfang
Frühjahr.
Typischer Geschmack: Leicht bitter, die Wurzeln schmecken
nach Walnuss und Chicorée.
Rezepte: Seite 112, 113

Schilf
Typha latifolia, Typhaceae

Typische Merkmale: Bis 2 m hohe Wasserpflanze mit typischer
zylindrischer, samtig brauner Blüte.
Ernte: Frühjahr.
Typischer Geschmack: Das Innere der Triebe duftet nach Süß-
wasser und schmeckt ähnlich wie Palmherzen, mit einem
zarten Buttergeschmack.
Rezepte: Seite 113, 115

Schlehe, Schwarzdorn
Prunus spinosa, Rosaceae

Typische Merkmale: Strauch mit sehr langen Dornen, die
Entzündungen hervorrufen können. Die Schlehe kann
auch als »Mutter der Pflaumen« bezeichnet werden.
Ernte: Blüten im Frühjahr, Früchte im Herbst und Winter.
Die Früchte am besten erst nach dem ersten Frost ernten;
da sie durch die Frosteinwirkung Gerbstoffe verlieren,
schmecken sie dann besser.
Typischer Geschmack: Die Blüte hat ein ausgeprägtes Mandel-
aroma. Die Früchte erinnern an Pflaumen.
Rezept: Seite Seite 115

Spargel, grüner
Asparagus officinalis, Asperagaceae

Typische Merkmale: Wächst auf sandigen, kalkhaltigen Böden
an sonnigen Stellen.
Ernte: Im Frühjahr, kurz nach dem Austreiben, da er sehr
schnell verholzt. Kurze, etwa 10 cm lange Triebe mit Knospenansatz ernten.
Typischer Geschmack: Fein nussartig.
Rezepte: Seite 18, 46, 116

Springkraut
Impatiens glandulifera, Balsaminaceae

Typische Merkmale: Wächst oft in großen Beständen an feuchten Standorten. Bis 25 cm lange, lanzettliche, scharf gezähn-
te Blätter und zahlreiche rote, rosa oder weiße, duftende
Blüten.
Ernte: Blüten und Knospen im Sommer. Bei Berührung
springen die reifen Samenkapseln ruckartig auf und
schleudern die Samen heraus.
Typischer Geschmack: Die Samenknospen schmecken nach
jungen Haselnüssen.
Rezepte: Seite 80, 110

Steinklee
Melilotus albus, Fabaceae

Typische Merkmale: Wächst an sonnigen Standorten.
Kleeblattförmige Blätter auf bis zu 1 m hohen Stielen.
Ernte: Blätter und Blüten im Sommer und Herbst.
Typischer Geschmack: Nach Tonkabohne und Waldmeister.
Rezepte: Seite 34, 90, 117, 137

Stiefmütterchen, Hornveilchen
Viola tricolor, V. cornuta, V. odorata, Violaceae

Typische Merkmale: Das Hornveilchen (*Viola cornuta*) gedeiht
im Berggebiet, das wilde Stiefmütterchen (*Viola tricolor*)
an Wegrändern und in der Nähe von Getreideäckern und
das Duftveilchen (*Viola odorata*) im Wald.
Ernte: Blütenknospen, Blüten und zarte Blätter von Frühjahr
bis Sommer.
Typischer Geschmack: Charakteristischer, sehr nachhaltiger
eigener, süßlicher Geschmack, leicht pfefferig.
Rezepte: Seite 72, 142

Storchschnabel, Wiesenstorchschnabel
Geranium pratense, Geraniaceae

Typische Merkmale: Stark gelappte Blätter und zarte, relativ
große, blaue Blüten. Nach der Blüte bildet sich daraus eine
konische, spitz zulaufende Frucht, die nach unten gebogen
ist und an einen langen Schnabel erinnert.
Ernte: Im Frühjahr die Blätter, im Sommer die dekorativen
Blüten.
Typischer Geschmack: Mild, neutral.
Rezepte: Seite 38, 46, 118

Taubnessel, Weiße und Rote

Lamium album, L. purpureum, Lamiaceae

Typische Merkmale: Der Brennnessel ähnliche, gesägte, aber nicht brennende Blätter. Die weißen oder roten, rund um die Stengel angeordneten Blüten ähneln dem Löwenmäulchen.

Ernte: Blätter, Stengel und Blüten ganzjährig.

Typischer Geschmack: Blätter und Stiele schmecken herbaromatisch, die Blüten süßlich.

Rezepte: Seite 72, 120, 121, 142

Teufelskralle

(Variante der Glockenblume, siehe dort)

Thymian, Feldthymian, Quendel

Thymus pulegioides, Lamiaceae

Typische Merkmale: Großblättrige, rankende Form des Thymians.

Ernte: Zarte Zweige und Blüten von Frühjahr bis Herbst. Im Sommer, kurz vor der Blüte, ist das Aroma am besten.

Typischer Geschmack: Leicht pfefferig-scharf und aromatisch.

Rezepte: Seite 16, 19, 30, 33, 34, 54, 72, 82, 120, 122, 123, 124, 131, 145, 150, 156

Topinambur, Erdbirne

Helianthus tuberosus, Asteraceae

Typische Merkmale: Wächst an stickstoffreichen Standorten. Bis zu 2 m hohe, der Sonnenblume ähnelnde Pflanze, die auch mit dieser verwandt ist.

Ernte: Blätter im Frühjahr, Blütenknospen im Sommer, Wurzelknollen im Herbst und Winter.

Typischer Geschmack: Ähnelt Artischocke und Schwarzwurzel.

Rezept: Seite 126

Tripmadam, Felsen-Fetthenne

Sedum reflexum, Crassulaceae

Typische Merkmale: Rankendes Dickblattgewächs, das gerne auf Natursteinmauern und Felsrasen wächst. Die Blätter sind klein, etwa reiskorngroß und saftig.

Ernte: Ganzjährig.

Typischer Geschmack: Säuerlich, leicht herb.

Rezept: Seite 38

Tüpfelfarn

Polypodium vulgare, Polypodiaceae

Typische Merkmale: Niedrig wachsende, etwa 20 cm hohe Farnart. Gefiederte, ganzrandige, das ganze Jahr über grüne Blätter. Auf der Blattunterseite kleine, braune Tupfen.

Ernte: Die Wurzel (Rhizom) ganzjährig.

Typischer Geschmack: Die Wurzel hat ein erstaunlich lang anhaltendes, angenehm süßliches Aroma.

Rezepte: Seite 116, 126, 128, 134

Vogelmiere

Stellaria media, Caryophyllaceae

Typische Merkmale: Zartes, kleinblättriges Kraut mit weißen Blüten. Das dekorative Kraut wächst in vielen Gärten als »Unkraut«.

Ernte: Zartes Kraut (6–8 cm lange, zarte Triebe) fast ganzjährig. Am einfachsten mit einer Schere ernten.

Typischer Geschmack: An Zuckermais erinnernd.

Rezepte: Seite 32, 72, 83, 118, 124, 130, 142

Wacholder

Juniperus communis, Cupressaceae

Typische Merkmale: Immergrüner, buschiger Nadelbaum, der an sonnigen und kalkhaltigen Standorten gedeiht. Die Beeren wachsen über zwei Jahre, im ersten Jahr bilden sich die grünen Beeren, im zweiten Jahr reifen sie und nehmen bräunlich-schwarze Farbe an.

Ernte: Die Beeren von August bis Februar. Vorsicht: Beim Ernten auf die stechenden Nadeln achten und vor dem Schütteln eine Folie oder ein Tuch unter den Strauch legen.

Typischer Geschmack: Harzig, nach Pinienkernen.

Rezepte: Seite 131, 153

Waldkresse, Waldschaumkraut

Cardamine sylvatica, C. hirsuta, Brassicaceae/Cruciferae

Typische Merkmale: Verwandt mit Wiesenschaumkraut und Rucola. Wächst zahlreich an lichten Wald- und Wegrändern. Kompaktes, zart-buschiges, sehr kleines Kraut.

Ernte: Herbst bis Winter. Zarte, junge Pflanzen ernten.

Typischer Geschmack: Sehr ausgeprägt nach Senf, pikanter als Kresse.

Rezepte: Seite 32, 131, 156

Waldmeister
Galium odoratum, Rubiaceae

Typische Merkmale: Die kleine, etwa 10 cm hohe Pflanze wächst in schattigen Wäldern, oft unter Buchen. Lanzettliche, etagenweise, sternförmig rund um den Stengel angeordnete Blätter. Schneeweiße, glockig-sternförmige Blüten.
Ernte: Blätter im Frühjahr.
Typischer Geschmack: Feines, vanilleähnliches Aroma, das sich erst durch Trocknen entfaltet.
Rezepte: Seite 37, 110, 132, 134

Walnuss
Juglans regia, Juglandaceae

Typische Merkmale: Großer Baum mit großen, breiten Blättern. Die Blätter gehören zu den größten in unseren Breiten.
Ernte: Blütenrispen im Frühjahr, Blätter im Sommer, die noch grünen, olivengroßen Früchte bis zum Johannistag (24. Juni), Nüsse im Herbst und Winter. Beim Verarbeiten der grünen Nüsse Wegwerfhandschuhe tragen, da sonst die Haut nachhaltig braun gefärbt wird.
Typischer Geschmack: Die Blüten schmecken mehlig, süßlich und nach Honig, die Blätter und die grünen Nüsse angenehm bitter aromatisch.
Rezepte: Seite 60, 134, 135, 157

Wassermiere, Wasserdarm
Stellaria aquatica, Caryophyllaceae

Typische Merkmale: Gedeiht nahe am Wasser, an feuchten und schattigen Standorten. Kleine Pflanze, mit bis zu 40 cm langen, rankenden Trieben, länglichen, wintergrünen Blättern und weißen, sternförmigen Blüten. Die Blätter sind größer als jene der Vogelmiere.
Ernte: Zartes Kraut im Sommer und Herbst.
Typischer Geschmack: Nach Erbsen und Süßholz.
Rezepte: Seite 32, 115, 136

Wasserpfeffer
Polygonum hydropiper, Persicaria hydropiper, Polygonaceae

Typische Merkmale: An feuchten Standorten wachsende bis 1,5 m hohe Pflanze. Länglich-schmale, lanzettliche, bis 15 cm lange und spitze Blätter mit einem schwarzen Streifen in der Mitte.
Ernte: Zarte Triebe im Sommer und Herbst.
Typischer Geschmack: Pfefferig, scharf, säuerlich.
Rezept: Seite 115

Wegerich, Spitzwegerich
Plantago lanceolata, Plantaginaceae

Typische Merkmale: Verbreitet in Wiesen, an Wegen und in Äckern. Blattrosette mit spitzen, schmalen, lanzettlichen Blättern mit ausgeprägten Rippen. Ährenförmige Blüte auf langem Schaft.
Ernte: Kleine, zarte Blätter vom frühen Frühjahr bis Herbst, Blütenknospen Ende Frühjahr.
Typischer Geschmack: Die Blütenknospen schmecken nach Champignons.
Rezept: Seite 137

Wegwarte
Cichorium intybus, Asteraceae

Typische Merkmale: Wächst an sonnigen Wegrändern, wärmeliebend. Gezackte, dem Löwenzahn ähnliche Blätter und im Sommer zahlreiche, zartblaue Blüten auf holzigem Stiel.
Ernte: Blüten und Blätter im Sommer, Wurzel in Spätherbst oder Winter.
Typischer Geschmack: Bitter.
Rezepte: Seite 80, 96, 139

Weinrebe
Vitis vinifera, Vitaceae

Typische Merkmale: Rankender Strauch mit den unverkennbaren, drei- bis fünflappigen, markant gezähnten Blättern.
Ernte: Zarte Triebe ab Frühsommer, die Blätter bis August.
Typischer Geschmack: Saftig, säuerlich. Die Blüten schmecken süßlich nach Honig.
Rezepte: Seite 70, 140

Weißdorn
Crataegus laevigata, Rosaceae

Typische Merkmale: Strauch mit kleinen gezackten Blättern und vielen Dornen. Zahlreiche, weiße, stark duftende Blüten. Rote Beeren im Herbst.
Ernte: Zarte Blätter im Frühjahr, Blüten im späten Frühjahr, Beeren im Herbst. Vorsicht: Die Pflanze hat kurze, sehr spitze Dornen.
Typischer Geschmack: Die zarten Blätter haben ein feines Mandelaroma. Die Beeren schmecken mehlig, süß-säuerlich. Die Blüten duften und schmecken nach Fisch.
Rezepte: Seite 121, 141

Wicke

Lathyrus sylvestris, Fabaceae

Typische Merkmale: Schmal-lanzettliche paarweise Blättchen und sich in entgegengesetzter Richtung drehende Ranken, rosa bis purpurfarbene Blüten.
Ernte: Zarte Triebe und Blüten im Frühjahr und Sommer.
Typischer Geschmack: Die Blütenknospen und die zarten Triebe schmecken gegart wie Erbsen.
Rezepte: Seite 51, 102, 142, 144, 145

Wiesenschaumkraut

Cardamine pratensis, Brassicaceae

Typische Merkmale: Auf feuchten Wiesen wachsend. Löffel-artige Blätter und rosa bis zartviolette Blüten.
Ernte: Blüten und zartes Kraut im Frühjahr.
Typischer Geschmack: Nach Senf und Rucola.
Rezepte: Seite 10, 52, 113, 128, 147, 157

Winde

Calystegia sepium, Convolvulus arvensis, Convolvulaceae

Typische Merkmale: Rankende Pflanze mit schneeweißen, trichterförmigen Blüten. Es gibt verschiedene Arten, deren Blüten sich nur in ihrer Größe unterscheiden.
Ernte: Blätter im Frühjahr (vor der Blüte), Blüten ab Früh-sommer.
Typischer Geschmack: Bitter.
Rezept: Seite 148

Zackenschote, Orientalische

Bunias orientalis, Brassicaceae/Cruciferae

Typische Merkmale: Buschige Pflanze mit 30–40 cm langen und etwa 5 cm breiten Blättern mit fleischiger Mitte.
Ernte: Junge Blätter im Sommer und Herbst.
Typischer Geschmack: Die üppig wachsenden jungen Blätter sind pikant und schmecken leicht nach Senf, Rucola und Kohl.
Rezepte: Seite 34, 46, 54, 150, 151

Zahnwurz

Cardamine bulbifera, Dentaria bulbifera,
Brassicaceae/Cruciferae

Typische Merkmale: Wächst in Laubwäldern. In den Blatt-achseln auffällige, kleine, kugelige, braun-violette Zwiebel-chen. Dübelartig gezackte Wurzel.
Ernte: Blätter, Samen und Wurzel im Frühjahr (sehr kurze Erntezeit).
Typischer Geschmack: Die bizarr aussehende, gezackte Wurzel schmeckt wie Meerrettich.
Rezept: Seite 153

Ziest, Waldziest

Stachys sylvatica, Lamiaceae

Typische Merkmale: Blätter in der Form der Brennnessel-blätter; vierkantiger Stengel.
Ernte: Blätter im Sommer und Herbst.
Typischer Geschmack: Zerreibt man die Blätter zwischen den Fingern, entwickelt sich nach ein paar Minuten ein aus-geprägtes Steinpilzaroma.
Rezepte: Seite 154, 155

Bezugsquellen und Adressen

Produkte

Spezielle Zutaten, wie Trüffel, Muscovadozucker, Kasha, Hartweizenmehl usw.:

Exclusive Lebensmittel aus aller Welt
Bos Food Düsseldorf GmbH
Telefon +49 (0)2132 139 100
www.bosfood.de
service@bosfood.de

Fonds/Gewürze:

Manufactum
Telefon +49 (0)2309 939 050
Fax +49 (0)2309 939 850
www.manufactum.de
info@manufactum.de

Wildkräuter:

Essbare Landschaften
Telefon +49 (0)38326 46 335
Fax +49 (0)38326 46 337
www.essbarelandschaften.de
info@essbarelandschaften.de

Wildpflanzen-Schulung

Gundermann Schule
http://www.un-kraut.de
info@gundermannschule.de

Steffen Guido Fleischhauer
Dipl. Ing. FH Landschaftsarchitektur
Giggenhauserstr. 62
D-85354 Freising
Telefon +49 (0)8161 97 61 31
Fax +49 (0)8925 88 11 02
post@essbare-wildpflanzen.de
www.essbare-wildpflanzen.de

François Couplan
www.couplan.com
fc@couplan.com

ARVEN-Schule für Heilpflanzenkunde,
Aromatherapie und Wildniswissen
Postfach 24
D-87475 Sulzberg
www.susanne-fischer-rizzi.de

Natur-Events rund ums Jahr:

Vieux Sinzig – Natur erleben und genießen
Telefon +49 (0)2642 42 757
Fax +49 (0)2642 43 051
www.vieux-sinzig.com
info@vieux-sinzig.com

Dank

Mein Dank gebührt allen, die sich von der Idee zu diesem Buch inspirieren ließen, vor allem den engagierten Mitarbeiterinnen und Mitarbeitern des AT Verlags, deren konstruktive und umsorgende Unterstützung einmalig ist und deren Fachkompetenz unverzichtbar war, um meine Ideen in meinem Sinne umzusetzen.

Mein Dank ist allen Medien gewidmet, die es mir ermöglichten, meine Ideen angemessen und behutsam darzulegen.

Mein Dank schließt alle Mitarbeiterinnen und Mitarbeiter des Restaurant Vieux Sinzig mit ein, die an der künstlerischen und handwerklichen Verwirklichung meiner Ideen kreativ beteiligt sind und sich ab und zu auch »rund um die Uhr« dafür engagieren.

Mein Dank ist eine Verneigung vor meinem Küchenchef Yoann Hue, dessen fundiertes Wissen und souveränes Können dazu beitrug, meinen Vorstellungen Gestalt zu geben.

Mein Dank möge meinen Freund Frank Krajewski ermuntern, seinen Kräutergarten so zu lassen, wie er ist, und ihn weiterhin liebevoll zu pflegen.

Mein Dank umarmt schließlich Colette, die mich immer darin bestärkte, dass unseren gemeinsamen Visionen keine Grenzen gesetzt sind.

Jean-Marie Dumaine

Rezeptverzeichnis

Beilagen, Saucen usw.

Desserts

Grundrezepte

Weitere Bücher aus dem AT Verlag

Jean-Marie Dumaine

Meine Wildpflanzenküche

150 Rezepte für Feinschmecker

150 außergewöhnliche Gourmetrezepte vom »kreativsten Wildpflanzenkoch Deutschlands«, geordnet nach den Jahreszeiten und mit praktischen Tipps zum Sammeln und für die Küche. Ausgezeichnet mit der Silbermedaille der Gastronomischen Akademie Deutschlands.

François Couplan

Wildpflanzen für die Küche

Botanik und Sammeltipps
mit Rezepten von Jean-Marie Dumaine

55 Wildpflanzen, alle mit Bild und ausführlich beschrieben. Dazu zu jeder Pflanze ein bis zwei einfache, aber delikate Rezepte für die unkomplizierte Alltagsküche.

Steffen Guido Fleischhauer

Wildpflanzen-Salate

Sammeltipps, Pflanzenporträts
und 60 Rezepte

Die geschmacklich interessantesten Wildsalatpflanzen – in ausführlichen Pflanzenporträts mit zahlreichen detaillierten Farbfotos und 60 einfachen, aber köstlichen Rezepten.

Steffen Guido Fleischhauer

Essbare Wildpflanzen

200 Arten bestimmen und verwenden

Der ideale Begleiter für den Naturspaziergang. Mit Angaben zu Botanik, Erkennungsmerkmalen in Farbfotos und Zeichnungen, Inhaltsstoffen, Heilwirkung und Verwendung in der Küche.

Steffen Guido Fleischhauer

Enzyklopädie der essbaren Wildpflanzen

1500 Pflanzen Mitteleuropas mit 400 Farbfotos

»Ein unverzichtbares Nachschlagewerk für interessierte Laien und Fachleute verschiedenster Richtungen.«
Deutscher Apotheker Verlag

»Dieser Band stellt alles bisher Dagewesene in den Schatten – an Umfang und an Abbildungsqualität.«
Garten und Landschaft, Zeitschrift für Landschaftsarchitektur

Steffen Guido Fleischhauer

Kleine Enzyklopädie der essbaren Wildpflanzen

1000 Pflanzen tabellarisch, mit 300 Farbfotos

Dieses Buch vermittelt in kompakter und handlicher Form anschaulich alle relevanten Informationen über die Verwendung der 1000 wichtigsten essbaren Wildpflanzen Mitteleuropas. Die 300 herausragenden essbaren Arten sind zusätzlich in erstklassigen Farbfotos dargestellt.